송강 스님의
인도 성지 순례

송강 스님

- 한산 화엄(寒山華嚴)선사를 은사로 득도
- 화엄, 향곡, 성철, 경봉, 해산, 탄허, 석암 큰스님들로부터
  선(禪), 교(敎), 율(律)을 지도 받으며 수행
- 중앙승가대학교에서 5년에 걸쳐 팔만대장경을 일람(一覽)
- BBS 불교라디오방송 '자비의 전화' 진행
- BTN 불교TV방송 '송강 스님의 기초교리 강좌' 진행
- 불교신문 '송강 스님의 백문백답' 연재
- 불교신문 '송강 스님의 마음으로 보기' 연재
- 『금강반야바라밀경』 시리즈 출간
- 서울 강서구 개화산(開花山) 개화사(開華寺)를 창건
- 현재 개화사 주지로 있으며, 인연 닿는 이들이 본래면목을 깨달을 수 있도록
  기초교리로부터 선어록에 이르기까지 다양한 강좌를 진행하고 있으며,
  차, 향, 음악, 정좌, 정념 등을 활용한 법회들을 통해 마음 치유와 수행을 지도하고 있음

* 인터넷에서 개화사를 검색하시면 송강 스님의 카페를 만나실 수 있습니다.

송강 스님의
인도 성지 순례

송강 지음

도서출판 도반

절체절명으로부터의 해탈

1960년대 춘원의 『원효대사』를 읽으며 나도 대사님처럼 되었으면 하는 바람이 생겼습니다. 그러면서 자연스럽게 원효대사의 스승이신 석가모니에 대해 탐구하기 시작했고, 가능한 많은 자료들을 찾아보기 시작했습니다. 그렇게 석가모니의 향기에 취하기 시작한 나는 50여 년 전에 출가를 장래희망으로 정하면서 인도여행을 꿈꾸게 되었습니다.

출가 후 현장스님과 혜초스님의 글을 읽으면서 다시 인도순례의 꿈을 키우기 시작했습니다. 그러나 이런저런 이유로, 자의 반 타의 반으로 인도성지순례를 뒤로 미루고 있었는데, 그것은 마치 시절인연을 기다리는 것과도 같았습니다.

2004년 새로운 포교도량을 만들자는 생각으로 개화사를 창건했는데, 의욕이 앞서 좀 무리하게 시작한 불사는 급기야 부채가 눈덩이처럼 불어나 수십억 원의 빚을 짊어지게 되었습니다. 게다가 건축법상의 문제가 발생하면서 졸지에 철거대상의 불법건축이 되고 말았으며, 매년 억대 가까이 되는 강제이행금을 통지받아야 하는 상황이 되고 말았습니다.

2009년 10월, 개화사의 문을 연지 만 5년이 지났습니다. 개화사를 정상화시킬 수 있으리라 생각했던 거의 모든 시도가 물거품이 되자, 주위에서는 개화사를 정리할 수밖에 없을 것이라는 억측들을 하기 시작했습니다. 바로 그 절체절명의 순간 나는 인도성지순례를 떠나기로 결심했고, 두 달 후에는 인도행 비행기에 몸을 싣고 있었습니다.

인도성지를 참배하는 동안 나는 개화사 문제를 완전히 놓아 버리고 부처님의 향기에 푹 젖었으며 부처님의 에너지로 충만해졌습니다.

돌아왔을 때 나는 개화사 문제를 완전히 밑바닥으로 돌아가 바라보게 되었고, 이후 수많은 사람들의 노력과 도움이 시절인연을 만들어서 이윽고 전통한옥을 비롯한 목조건축에 대한 법 개정까지 이어졌습니다.

2012년 개화사의 건축허가를 받은 후에 개화사 카페에 2009년의 기억을 되살려 인도성지순례기를 연재하기 시작했고, 준공검사까지 끝낸 지금 그동안 올렸던 글과 사진으로 책을 만들었습니다.

이 책을 세상에 내어놓는 것은 땀과 먼지로 만들어진 부처님의 향기와 에너지를 전해주고 싶어서입니다. 절체절명의 상황을 마주하고 있는 이가 있다면 그 향기와 에너지로 절체절명으로부터의 해탈을 맛보시기 바랍니다.

불기 2557년(2013) 부처님 오신 날을 앞두고
개화산 자락에서 시우(時雨) 송강(松江) 합장

5

차 례

일러두기

一. 이 책의 내용은 2009년에 보고 느낀 것이기에 현재는 달라졌을 수도 있습니다.

一. 순례를 한 시기로부터 26개월 후에 기억을 되살려 쓴 내용이므로, 아주 미세한 부분에서
　　는 착각을 일으켰을 수도 있습니다.

一. 인도의 고유명사의 경우 여러 가지의 발음과 표기가 가능할 수 있습니다. 따라서 다른
　　곳에서는 다르게 표기되었을 수도 있습니다.

一. 몇 장에 불과하지만 여행사의 협조를 받아 쓴 사진이 있습니다.

01
서울에서 뭄바이로

인도의 성지순례는 아끼던 꿈이었다. 세계적인 학자들이 연구한 기록과 발굴한 유적 등을 통해 부처님의 생애를 따라가길 수십 번도 더하며, 승가대학 시절의 나는 마음으로만 그 더위와 먼지 속을 걸어 다녔다. 그런데 막상 성지순례를 하면 그 마음속으로 했던 여행의 감동이 부서져 버릴까봐 미루고 미뤘던 것이다.

2006년 8월에 델리 - 다람살라 - 라다크 - 델리를 다녀오면서 빠른 시일 안에 인도의 성지순례를 해야겠다고 마음먹었는데 또 3년이 흘러 버렸다. 부처님의 제자로서 부처님의 발자취를 따라 순례하면서 부처님의 모습을 보다 분명하게 해야겠다는 생각은 더욱 강해졌으나, 이런 저런 일들로 자꾸만 미뤄지고 있었던 것이다. 2009년이 되자 나는 무조건 인도성지순례를 떠나기로 작심했다.

인도는 워낙 더운 나라이기도 하고 우기(雨期)가 있는 관계로 여행의 시기를 잘 선택해야 한다. 인도를 여행하기에 최적기를 꼽자면 12월부터 2월까지라고 한다. 비록 여행의 성수기라서 경비를 좀 많이 부담해야 하지만, 그래도 최적의 조건을 선택하는 것도 여행을 지혜롭게 하는 방법이다. 그래서 세운 계획이 12월 1일 뭄바이로 들어가서 12월 10일 바라나시에서 나오는 일정이었다. 말하자면 인도의 남북 중간쯤이면서 완전 서쪽에 위치한 뭄바이로 들어가 점차 북동쪽으로 이동하여 남북 3분의 2지점이면서 거의 동쪽에 치우친 나알란다와 부다가야 등을 순례한 후 바라나시에서 나오는 여정인 셈이다.

08시 20분 인천공항, 만나기로 한 시간보다 일찍 도착했는데도 내가 꼴찌다. 영혼의 스승이시자 어버이이신 석가모니부처님의 발자취를 순례한다는 기대감으로 충만한 내 떨림보다 대중들의 절절함이 한 수 앞섰던가 보다. 간단한 설명과 수속을 마치고, 면세점을 한 바퀴 둘러본 후 비행기에 올라 영종도를 내려다볼 때 시계는 11시를 가리키고 있었다. 우리가 이용하는 비행기는 타이항공이다. 여러 가지 스케줄을 적절하게 맞출 수 있기 때문에 선택한 것이지만, 단점은 홍콩과 방콕을 들렀다가 간다는 점이다.

: 안개 낀 인천공항의 이른 아침 - 도착하자마자 촬영한 것

: 성지순례의 설레임으로 일찍 모인 대중
- 모두 인도성지순례는 처음이다

: 우리가 탑승할 타이항공의 비행기
- 공항청사에서 탑승을 기다리다가 촬영

: 공항 요원들의 전송을 받으며 이륙
- 비행기 안에서 촬영

친절한 태국 승무원들의 기내식 등 서비스를 받고 잠시 책을 읽노라니 홍콩 도착을 알리는 방송이 나왔다. 안개가 낀 공항 상공에 이른 시각이 14시 21분이었다. 비행기가 공항을 경유하는 것이 대개 그렇듯, 내려서 잠시 면세점 구경하고 다시 탑승하느라 부산을 떨다보면 1시간 반 정도가 소요되기 마련이다. 그렇게 홍콩공항에서 부산을 떨고 다시 이륙한 시각이 16시 10분이다.

: 뿌연 안개 속에 모습을 드러낸 홍콩의 바닷가
- 비행기 안에서 촬영

: 홍콩 공항에서 자유시간을
갖기 전에 주의사항을 듣고 있다

방콕으로 향하는 비행기에서는 모든 서비스를 사양하고 눈을 창밖으로 돌렸다. 끝없이 펼쳐지는 구름을 아래에 두고 비행기는 허공을 날고 있다. 만약 비행기의 엔진이 멈추면 어떻게 될까? 두말할 것도 없이 아래로 곤두박질 칠 것이다. 우리의 수행도 그래서 추진력을 상실하면 어느 순간 나락으로 떨어지고 만다.

초등학교 시절에 춘원 선생의 소설『원효대사』를 읽으며 비로소 알게 된 싯다르타 고타마 붓다. 그로부터 40여년이 흐르도록 인도성지순례의 꿈을 꾸었다. 누군가가 함께 떠나자고 할 때마다 나는 이렇게 답했었다. "내가 정말로 떠나고 싶을 때 가려 한다." 그러다 2006년 다람살라를 다녀왔고, 마음의 스승 달라이라마 존자를 뵈었었다. 늘 마음에 품고 지내니 다시 뵙지 않아도 괜찮지만, 대신 부처님의 족적을 순례해야겠다는 생각이 확고해졌었다.

: 방콕 신공항에 내리기 전의 주변 풍경 - 기내에서 촬영

2시간 반 정도의 시간이 쏜살같이 흘러 18시 40분경에는 방콕의 상공에 이르렀다.

2006년 새로 지은 방콕의 신공항은 예전 공항과 분위기가 많이 달랐다. 화려하게 변신을 하였지만 움직이는 데는 많이 불편하였고, 면세점도 흩어져 있는 느낌이었다. 대중들이 여행에 필요한 것을 몇 가지 구입한다고 오가는 사이에 뭄바이행 비행기에 탑승할 시간이 되었다. 어둠 속에 비행기가 하늘로 날아오른 시각이 20시 50분(현지시간 18시 50분)이었다.

: 방콕의 일몰시간이 되어 노을이 내린다. - 기내에서 촬영

: 방콕까지 타고 온 비행기, 인도에 갈 때는 다른 비행기를 탔다

: 비행기에서 내려 방콕 신공항청사 안으로 들어가는 길목

: 면세점이 끝나는 지점에 있는 조형물
- 태국적인 특징을 잘 보여준다

: 방콕공항에 걸려 있는 방문객을 환영하는
포스터

: 방콕공항 탑승구 가까이에 있는
황금탑 조형물

기내에서 제공하는 저녁공양이 끝난 후, 나는 30년 전 책을 통해 여행했던 부처님의 발자취를 다시 한 번 떠올렸다. 6년 고행을 하시던 때의 앙상한 모습도 보고, 전법을 위해 뙤약볕 아래 땀을 흘리시며 걸어가시는 모습도 보았다. 어느 순간에는 인간 취급도 하지 않던 불가촉천민의 손을 잡으시는 모습도 보았고, 또 어느 순간에는 늙으신 몸으로 힘들게 걷고 있는 모습도 보았다.

내 상상 속의 여행을 끝낸 것은 기내방송이었다. 시계는 01시 10분(인도 시간 21시 40분)을 가리키고 있었다. 비행기에서 내려 가방을 찾고 나니 01시 50분(인도 시간 22시 20분)이었다. 뭄바이는 잠시 휴식을 하고 떠날 곳이다.

: 우리를 뭄바이까지 태워 준 비행기 - 청사로 들어가면서 촬영

: 뭄바이 공항 대합실로 나가는 곳에 있는 세계 각국의 국기 모음

: 워낙 늦게 화물이 나오는 바람에 가방을 다 찾을 때쯤에는 다들 많이 지쳐 있다

: 뭄바이 공항의 요원들이 부스 안에서
카메라를 보고 포즈를 취했다

: 공항 앞 차 타는 곳은 어둑어둑하여
몽환적이다

호텔은 공항에서 버스로 18분 거리에 있었다. 비츠호텔(VITS Hotel)에 도착한 우리는 인도의 분위기를 체험하기 시작했다. 무언가 준비가 되질 않아서 방에 들어가는데 30분 이상이 걸렸던 것이다. 호텔은 아담했고 잠시 잠을 자기에는 적당한 곳이었다. 반신욕을 한 후 잠자리에 들며 시계를 보니 새벽 4시(인도 시간 12시 30분)다. 이른 아침의 첫 특급열차를 타기 위해서는 3시간 정도밖에 여유가 없었다.

: 한국시간으로 새벽 2시 20분에 호텔 도착

: 뭄바이 비츠(VITS) 호텔의 로비 - 준비가 되지 않아 기다리고 있다

02

뭄바이에서 오랑가바드로

여느 성지순례 때처럼 짧은 잠에서 깨어 시계를 보니 03시 25분이다. 두 시간 정도 단잠을 잤으니 감사한 일이다. 반신욕을 한 후 향을 피우고 약식으로 기도를 한 후 차를 마신 뒤 선정에 들었다. 모닝콜이 울린 뒤 30분 후쯤 가방을 챙겨 로비로 갔더니 여행사 직원들이 도시락 등을 점검하느라 부산하다.

04시 32분, 호텔 마당으로 나가 하늘을 보니 어젯밤 제대로 보지 못한 보름달이 가까이 보인다. 그러고 보니 음력 열엿새이다.

: 뭄바이에서 만난 보름달
- 머리 위에 가까이 와 있다

: 뭄바이 중앙역 - 차트라바띠 시와지 터미너스

: 차트라바띠 시와지 터미너스 전경 - 옛 이름은
빅토리아 터미너스

　대중들이 모두 모이자 05시경 호텔을 출발하여 기차역으로 향하였다. 18분 후
역에 도착하니 어둠 속에 아주 붉은 글씨로 명찰을 단 차트라바띠 시와지 터미너
스(Chhatrapati Shivaji Terminus)가 우리를 반겼다. 이 이름은 영국식민시대의 잔
재를 없애기 위해 새로 붙인 이름으로, 이전의 이름은 빅토리아 터미너스(Victoria
Terminus)였다. 1887년 철도본부로 사용하기 위해 건설된 이 역의 청사는 영국인
이 설계한 것으로, 2004년 유네스코 세계문화유산으로 지정된 곳이다. 그러나 우
리는 어두운 새벽에 도착하기도 했거니와 짐작컨대 옛 청사로부터 철도 건너편

에 있는 간이 출입구를 이용하는 것 같아서 웅장한 건물 등을 볼 수가 없었다.

역에 매달린 시계가 05시 19분을 가리키고 있는 가운데 막 출발하려는 기차를 보니 사람들로 꽉 찼다. 하루 2천만이 넘는 사람들이 기차를 이용한다더니, 새벽부터 이럴 줄은 짐작하지 못했다.

: 새벽 5시라고 보기엔
역의 분위기가 너무 활기에 넘친다

: 인도에도 예전과 달리 짐꾼이
거의 없다 - 짐꾼을 기다리며
간이 출입구 앞에서

: 어디로 가는 사람들일까? - 모두가
제 갈 길 서두르고 있다

: 이 상인은 언제부터 여기 있었을까
- 잠은 좀 잤을까?

한참을 이리저리 오간 뒤 05시 47분에 우리는 특급열차 특실에 들어섰다. 물론 분위기는 우리나라의 일반 객차보다 못하다. 인도에서는 우리나라 특급열차 특실의 수준을 기대하면 자기만 짜증스러워진다. 그저 있는 그대로를 받아들이는 것이 빨리 편해지는 지혜이다. 내가 앉는 자리 앞에는 할머니와 손자가 있었다.

얘기를 해 보니 호주에 있던 손자가 와서 할머니가 집으로 데려가는 길이었다. 자리를 잡자 호텔에서 마련해 준 도시락을 먹느라 부산하다. 나도 덩달아 컵라면 하나를 맛있게 먹었다. 앞의 할머니와 손자는 피곤한지 곧 잠이 들었다.

: 특급열차 특실, 내 앞자리의 할머니와 호주에서 온다는 손자

07시 무렵 기차가 역에 정차하기에 건너편을 보니 일반 열차에는 문간에 매달리다시피 탄 승객이 많았다. 과연 세계 인구 2위인 인도로구나 하는 생각이 들었다. 역을 출발한지 10여분 후, 이윽고 일출이 시작되었다. 황금색 태양이 지평선 위로 모습을 보이더니 점차 붉어졌다. 작은 강 위로 제 모습을 비춰 보며 태양은 조금씩 위로 몸을 솟구치고, 그 빛살 속에 전깃줄에 앉아 있는 부부 새도 보였다. 햇살이 대지 위에 퍼졌을 즈음 얕은 구릉도 지나고 수련 연못도 지나며, 기차는 동쪽에 있는 오랑가바드역으로 내닫는다.

: 중간에 멈춘 역에서 건너편에 보인 일반 열차 - 입구에 매달려 가는 사람도 있다

: 겨울이라서 일출 시각이 늦다 - 아침
07시 10분경의 일출

: 차창 밖으로 흘러가는 황금빛 태양이
점차 붉어지고 있다

: 붉은 색이 옅어질 즈음 기차는 작은 강을
건너고 있고 물 아래 태양이 있다

: 밝아지는 햇빛 속에 다정한 새 부부가
전깃줄에서 쉬고 있다

잠시 졸았을까. 시끌벅적하여 눈을 떴더니 사람들이 밀려들어 온다. 그리고 내 앞의 할머니와 손자가 일어났다. 알고 보니 특실 티켓이 아니었는데 들어와 앉았나보았다. 바로 앞의 어린 꼬마들이 재롱을 부리기에 카메라를 들었더니 부끄러워한다. 잠시 아기와 친분을 쌓으려는데 가이드가 내릴 준비를 하란다. 시계를 보니 13시 15분이다.

: 한참을 달린 기차는 얕은 구릉 아래 수련 연못을 지나고 있다

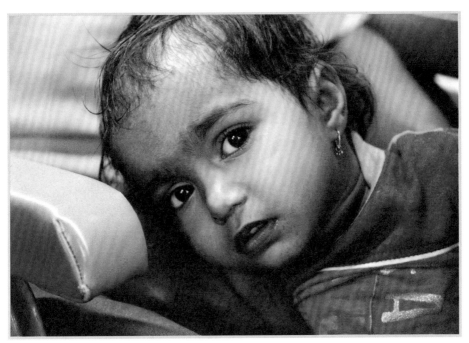

: 왁자지껄한 분위기에 눈을 뜨니 귀여운 꼬마가 눈에 들어왔다

: 바로 앞에 보이는 소년의 눈빛이 너무 맑아 카메라에 담았다

03

오랑가바드에 이르다

: 여행사에서는 하나라도 분실하게 되면 큰
낭패라서 늘 긴장한다

: 인도에서는 기차를 내릴 때 짐을
확인하는 것이 필수

13시 32분, 이윽고 오랑가바드(Aurangabad - 영어식으로 '아우랑가바드' 라고 읽는 경우도 있음)역에 도착했다. 인도에서 단체로 기차를 타고 내릴 때엔 가방과 짐을 올리고 내리는 문제에 신경을 써야 한다. 워낙 이용하는 사람이 많다 보니 기차가 도착하자마자 밀려들기 때문에 늦장을 부렸다가는 엄청 고생을 해야 한다. 우리도 미리 출구 가까이 모든 짐을 준비해 두었다가 잽싸게 내렸다.

: 이슬람교를 믿는 사람이 반이라고
했는데, 이런 복장을 흔히 볼 수 있다

　기차역들이 대개 그렇듯이 높은 육
교를 이용해야 하는데, 이 때문에 큰
가방을 들고 움직이려면 여간 고생이
아니다. 그래서 역에는 짐을 나르는
짐꾼들이 엄청 많았는데, 철도청에서
관리를 하면서 점차 숫자가 대폭 줄
었다. 그래서 역을 빠져나가는데 30
분은 예사로 걸린다. 역이 작은 편이
기도 했지만 운도 따라서, 우리는 10
분 만에 대기하던 버스에 오를 수 있
었다.

: 조금 전 우리가 있었던 곳을 육교 위에서
살펴보았다

: 앞으로 우리가 나아갈 방향으로 뻗어 있는
철로를 육교 위에서 보았다

: 오랑가바드 역 건물 - 사람들을
그려 놓은 그림이 보인다

: 이틀간 우리가 이용해야 할 관광버스
- 기차보다는 훨씬 안락함

: 오랑가바드의 역사(驛舍)와 광장은
그래도 깨끗한 편이다

: 역 광장의 바로 앞에는 인도의 특징인
혼잡이 맞닿아 있다

: 오랑가바드 중앙도로는 넓은데, 표지판을
봐서는 어디로 가는지를 알 수 없다

14시 06분, 우리가 머물 라마 인터내셔널(Rama International) 호텔에 도착했다. 그리 크진 않았으나 정원도 있는 호텔은 내부도 정갈했다. 우리는 방에 가방을 넣은 후 호텔 내의 식당 마두반(Madhuban)에서 약간 늦어진 점심을 먹었다. 인도의 음식은 한 마디로 단정하기가 어렵다. 이전 다람살라 법회에 참석했을 때는 거의 현지 음식을 먹을 수 없어서 컵라면과 누룽지로 식사를 했다. 억지로 먹어보려 했으나 짙은 향신료가 비위에 맞지 않아서 결국 포기해야만 했던 것이다. 그런데 호텔의 음식은 전혀 달랐다. 어쩌면 외국 여행객들을 위해 향신료 등을 조절한 것이 아닐까 혼자 생각해 봤다. 어쨌거나 정말 맛있게 식사를 할 수 있었다.

: 모처럼 녹색의 잔디를 보니 눈이 시원하다 - 라마 인터내셔널 호텔에 도착

: 우리가 하룻밤 신세를 질 라마 인터내셔널 호텔의 로비

: 호텔의 상징처럼 옛 왕과 왕비의 행차가
로비 카운터 뒤에 있다

: 인도 여행사의 핀두 사장이 식당에서
마지막 점검을 하고 있다

: 점심을 먹은 호텔 내의
식당 마두반

오랑가바드는 뭄바이(옛 지명 봄베이)에서 북동쪽으로 약 350km 정도에 있는 데칸고원의 오래된 도시이다. 인구는 약 59만 명 정도이며, 2~9세기에 조성된 동굴 사원과 무갈시대의 유적이 남아 있는 곳이다. 옛날 이슬람의 지배를 많이 받아서인지 이슬람교를 믿는 인구가 반이나 된다고 했다.

15시 30분 무렵, 우리는 도로포장을 하는 오랑가바드 외곽지를 털털거리며 지나고 있었다. 도로변의 나무가 터널처럼 맞닿아 있어 마치 우리를 축복해 주는 듯도 했고, 한편으로는 인도와 영혼의 결혼식을 하는 듯한 착각이 들기도 했다. 문득 싯다르타 보살께서 마지막 수행을 위해 보드가야의 보리수로 다가가자 보리수가 가지를 드리웠다는 기록이 떠올랐다.

: 엘로라로 향하는 길에 만난 도로 공사 - 15시 30분경

길에는 오가는 차들이 양쪽으로 긴 줄을 섰고, 그 사이에서 한쪽을 통제하며 자갈을 다지는 작업이 계속되고 있었다. 그런 길을 통과하며 30여 분을 달리자 이윽고 유네스코가 지정한 세계문화유산임을 알리는 엘로라 석굴사원(Ellora Caves)의 안내판이 나타났다. 드디어 첫 번째의 순례지에 도착한 것이다.

너무나 오랫동안 그리워했기에 마치 부처님을 만나러 가는 듯 내 가슴은 떨리기 시작했다.

: 이윽고 엘로라 석굴 사원이 있음을 알리는 안내판
- 왼쪽 상단문양이 유네스코 세계문화유산이라는 표시

04
엘로라 석굴사원

16시 10분, 우리는 첫 번째의 순례지인 엘로라의 석굴사원을 눈앞에 두고 있다. 엘로라 석굴사원은 오랑가바드에서 서쪽으로 26km 정도 떨어진 고원지대에 있다. 데칸고원(Deccan Plat) 바위들의 특징인 거무스레한 암벽들이 병풍처럼 펼쳐진 서쪽에 석굴 34개가 2km에 걸쳐 조성되어 있는 것이다.

기록에 의하면 현재까지 발견된 인도 불교석굴의 수가 대략 1,200여개 정도이며, 데칸고원 서부를 남북으로 달리는 서(西)가츠 산맥의 고원 절벽에 900여개의 불교석굴이 있다고 한다. 대부분의 인도 석굴이 뭄바이가 속한 마하라쉬트라주(州)에 있는 셈이다. 석굴사원을 조성하기 시작한 것은 대략 기원전 2세기 말엽 혹은 기원전 1세기 초엽으로 보며, 기원후 9세기까지 계속되었던 것으로 본다.

엘로라 석굴사원을 참배하는 것은 석가모니부처님께서 머무셨기 때문이 아니다. 엘로라가 있는 오랑가바드는 부처님께서 활동하셨던 북동부인도에서 아득히 먼 곳에 있다. 엘로라의 불교석굴사원은 대략 5~8세기 사이에 조성된 것으로 보이기에, 석가모니부처님께서 세상에 머무시던 때로부터 대략 900년 쯤 뒤에 형성된 것이다.

제 4 화 엘로라 석굴사원   37

오랑가바드에 불교가 전파된 것은 인도 최초의 통일국가인 마우리아왕조 제3대 왕이었던 아소카왕(재위 B.C. 269~B.C. 232년경)의 불교홍포에 힘입었을 것으로 학자들은 본다. 아소카왕이 통치하던 인도는 이미 로마나 중국 등지와 광범위한 교역을 하고 있었고, 스님들은 전도의 여행을 떠나기도 했던 것이다. 당시 남인도 지역도 효과적인 통치를 위해 도로망이 구축되어 상인들이 오갔으며, 그들과 더불어 스님들도 남인도로 교화의 길을 떠나게 된 것으로 보인다.

 스님들은 처음에 천연 바위굴을 수행처로 삼았을 것이지만, 점차 인공적으로 석굴사원을 만들어 수행하였을 것으로 본다. 스님들이 스스로 굴을 조성하기도 했겠지만, 그보다는 새로 부자가 된 대상들이 긴 장삿길의 안전을 기원하면서 자신들도 쉴 수 있는 기도처를 만들어 스님들께 드렸을 가능성이 더 크다고 볼 수 있다. 이런 전통은 이후 오랜 세월동안 이어지면서 실크로드 선상에 엄청난 석굴사원을 조성하기에 이르렀다고 보이는 것이다.

: 드디어 엘로라 석굴사원을 마주 대하게 되다

석굴에는 번호가 매겨져 있는데, 보이는 곳의 가장 오른쪽(남쪽)에 제1굴이 있고 가장 왼쪽(북쪽)에 제34굴이 있으며, 전체적으로는 서쪽을 향하고 있다. 불교의 석굴사원은 제1호굴에서 제12호굴까지이다. 우리는 가장 오른쪽의 제1굴부터 참배하기로 했다.

: 불교석굴사원부터 참배하기 위해 제1굴로 향하고 있다

: 제1굴로 향하는 도중에 지붕 위로부터 떨어지는 시원한 물을 만나게 되다

석굴 입구로 가까이 다가가니 석굴사원의 안으로부터 나오는 서늘한 기운이 느껴지기 시작한다. 석굴에 들어서면 왜 석굴사원이 필요했는지를 금방 알 수 있다. 엄청난 더위와 우기의 계속되는 비로부터 안전하게 수행할 수 있는 가장 좋은 환경이 곧 석굴이다. 암벽을 파고 들어간 정교한 입구에 들어서니 캄캄했다. 한참을 기다리니 사방이 눈에 들어왔다.

제1굴은 비하라(毘訶羅, vihara)이다. 엘로라의 불교석굴은 제10굴을 제외하고는 모두 비하라, 즉 승원(僧院)이다. 다시 말해 스님들이 거주하며 수행하는 장소를 말한다. 비하라는 정사(精舍)라고도 번역하는데, 부처님 당시 기증된 기원정사나 죽림정사도 비슷한 성격이다. 비하라에는 사리탑이 없다.

정형화된 형식의 석굴사원(窟院)에는 네모진 큰 방이 가운데 있고, 세 방향에 작은 방들을 조성했다. 큰 방은 스님들의 집회에 이용되었고, 작은 방들은 개인 공간으로 사용된 것이다. 방 안엔 돌침대와 작은 감실, 사물함 등이 있다.

석굴들은 천장이 될 부분부터 파 내려가는 방식으로 조성되었다고 한다. 천장과 지붕이 완성된 뒤, 작업은 아래쪽으로 진행된다. 작업은 이대 삼대에 걸쳐 이뤄지는 것이 보통이었다고 한다. 하나의 석굴이 완성되려면 적어도 100년은 걸렸을 것이다.

: 이윽고 제1굴에 도착하여 설명을 경청하고 있다

: 큰방에 접하고 있는 삼면에는
  이런 개인방이 만들어져 있다

: 불상이 모셔졌음직한 작은 감실

제1굴을 나와 제2굴로 들어갔다. 거대한 돌기둥들이 천장을 받치고 있는데, 제1굴에 비해 규모가 엄청나다. 입구의 맞은편 가장 안쪽 한 가운데 작은 방이 있다. 그 안에는 걸터앉은 형태의 부처님이 모셔져 있고, 좌우에 연화수보살과 문수보살이 시봉하고 있다. 각 기둥마다 정교한 조각을 한 것이 얼마나 깊은 신심으로 조성했는지를 짐작케 한다. 제2굴은 예불당의 형태를 취하고 있는 셈이다.

: 제2굴임을 알리는 안내판이 굴 입구에 서 있다

: 석굴의 입구에도 이처럼 정교한 조각들이 조성되어 있다

: 제2굴의 내부는 무척 넓은데, 그 때문인지 천장을 받치는 기둥이 많다

: 옆의 작은 굴에 모셔진 부처님도
걸터 앉은 모습이다

: 방의 가장 안쪽에는 다시 굴이 만들어져 있고,
그 안에는 부처님과 대중들이 조각되어 있다

: 옆굴에 있는 설법하시는 부처님 상

: 서쪽에 문이 있어 햇빛이 가장 많이 들어오고
있을 때의 밝기이다

: 기둥의 모양이 정교한 조각으로
이루어져 있다

: 작은 감실에 조성된 조각

: 설법하시는 부처님상과 보살상 등이
조각되어 있다

: 기둥의 아래에 조각된 그림

: 각 석굴로 통하는 통로도 장엄하게
조성되어 있다

05
엘로라의 불교 석굴사원

　제2굴을 **나와** 제3굴과 제4굴을 계속 살피는데, 시간관계상 대중들이 계속 앞서가 버리니 사진을 찍느라 계속 지체할 수 없어 특징만을 살피며 갈 수 밖에 없다.

: 인도의 조각은 대단히 육감적이다. 불교 석굴도 예외가 아니다

: 불교 석굴 전체에 대한 설명을 열심히 듣고 있다

: 부처님께 공양 올려진 생명인가 - 암벽에 보이는 식물

제5굴에 들어가니 제2굴과 비슷하지만 중간에 기둥을 생략한 넓은 공간을 만들어 놓은 것이 다르다. 직사각형 큰방 양쪽 옆엔 각각 10개씩의 돌기둥이 서 있다. 기둥 아래 부분은 정사각형인데, 기둥을 기준으로 중앙 방과 통로 부분이 구분되는 모양이다. 좌우로 몇 개의 작은 승방과 통로가 만들어져 있다. 승방과 통로를 따라 가니 부처님이 봉안된 불당(佛堂)이 나왔다. 불당이 있는 곳은 제5굴 입구 맞은편 정면 벽인데, 그 안엔 부처님이 봉안되어 있다. 입구 좌우 벽면엔 인도풍의 협시보살이 조성되어 있다.

　중앙의 바닥엔 직사각형의 돌출부가 좌우의 기둥과 평행으로 두 줄로 돋아 있다. 연구에 의하면 이 돌출부는 스님들이 공부할 때 사용한 책상이다. 돌출부를 따라 양편에 앉아 경전을 보고 있는 스님들의 모습이 그려지고, 범어로 운율에 따라 독송하는 장엄한 화음이 울리는 듯하다.

: 엘로라 제5굴의 내부는 제2굴과 비슷하지만 중간에 기둥을 생략하고
넓은 공간을 만들어 놓은 것이 다르다

또 일행과 떨어졌기에 제6~9굴을 달리는 말 위에서 산을 보듯 서둘러 둘러보고 이윽고 대중들이 기다리고 있는 제10굴에 이르렀다. 제10굴은 유일하게 부처님 사리탑을 모신 곳이며, 우리가 예불을 올리고 기도를 할 석굴이다.

석굴 사원을 크게는 차이트야(예배당)굴과 비하라(승원)굴로 구분한다. 불사리를 봉안한 불탑(스투파)을 모셔놓은 예불당이 차이트야굴이며, 비하라굴은 스님들이 거주하며 수행하는 곳을 말한다.

차이트야굴에는 기본적으로 예배대상인 스투파와 그것을 둘러싸는 통로가 있다. 스투파 앞쪽에는 예불이나 집회를 위한 공간이 있는 것이 보통이다.

세월이 흐름에 따라 차이트야굴 구조도 변화했다. 규모가 작았던 차이트야굴은 점차 기둥에 의해 측면의 통로와 예배공간이 분리됐다. 후기에 조성된 차이트야굴은 전면이 사각형, 후면이 원형인 소위 전방후원(前方後圓) 형태가 되며, 스투파는 제일 안쪽에 봉안된다.

: 엘로라 제10굴의 입구는 장엄함 그 자체다

엘로라 제10굴은 인도 석굴 사원중 차이트야굴을 대표하는 곳 중의 한 곳이다. 입구 정면에서 본 제10굴의 입구는 장엄하다. 거대한 암벽 사이에 2층으로 조성되었는데, 1층의 기둥들이 2층의 쪽마루(베란다)를 받치고 있다. 2층 쪽마루(베란다)의 안쪽에는 나무틀에 유리가 끼워진 문이 중앙과 좌우에 있다. 좌우문의 양옆에는 다양한 불·보살상들의 조각이 있고, 문 위에는 둥근 창이 있다. 창의 양옆 위로는 비천상이 중앙을 향해 날고 있다. 2층엔 난간(발코니)이 마련돼 있는데, 난간의 상하에는 다양한 조각이 이어져 있다. 가장 위쪽을 보면 마치 처마의 구조처럼 돌출된 모양에 역시 다양한 인물상이 조각되어 있다.

: 둥근 창 위의 비천상이 보이고 그 위로 처마와 같은 모양이 보인다

: 기둥이 받치고 있는 2층의 난간에도 멋진 조각이 가득하다

: 엘로라석굴 제10굴 – 누가 이 장엄한 불사를 이뤘단 말인가.
이는 인간의 손끝에서 나온 것이 아니다.

: 엘로라석굴 제10굴 내부
- 부처님을 뵙는 순간 가슴이 터질 듯했다

: 좀 더 가까이 다가서면 분명한 조각들을 살필 수 있다

1층 안으로 들어가니 의외로 밝았는데, 2층 문과 창을 통해 빛이 석굴 내부로 들어오는 구조 때문이었다. 정면을 보는 순간 나는 소스라치게 놀라고 말았다. 세상에 이런 장엄하고 성스러운 만남이 또 있을 수 있을까? 전혀 상상하지 못했던 성상(聖像)을 친견하면서 나는 숨을 쉴 수가 없었다. 편안하게 걸터앉으신 모습의 부처님(5m)께서 눈을 아래로 향하신 채로 양손을 들어 열심히 당신의 마음을 열어 보이신다.

"잘 왔노라, 송강비구여! 내 오래전부터 그대와 늘 함께 하였노라."

우러러 뵈오니 부처님 곁에는 두 분의 보살님이 좌우에서 모시고 있었고, 뒤로는 광배처럼 두드러진 조각이 있다. 가장 위에는 보리수로 보이는 나무가 있고, 그 아래로는 찬탄하는 인물상들이 있다.

부처님의 바로 뒤에도 조각상이 보인다. 부처님의 뒤로 법신처럼 하늘로 치솟은 사리탑이 보인다. 저 깊은 진리의 동굴로 통하는 것 같은 천장의 반원형의 연속적 조형이 환상처럼 펼쳐지고, 2층의 난간에는 상하로 수많은 인물상이 조각되어 있다.

서둘러 가사를 수하고 준비한 차와 향을 공양올린다. 그리고 예불을 올린 후 석가모니불 정근을 한다. 나도 모르게 저 깊은 곳에서부터 솟구치는 눈물이 주체할 수 없이 흐른다. 뿌연 시선을 넘어 부처님의 미소가 다가와 나를 어루만져 주고, 두 손을 들어 내 어깨를 토닥여 주신다.

: 그리움, 감사, 존경을 담아
  차 공양을 올린다

: 마치 석가모니부처님을 친견하는
  그 마음으로 예불을 한다

기도와 발원을 끝내고 탑돌이를 한다. 시계방향으로 세 번을 돌며 이번에는 마음속으로 발원을 한다. 발원을 끝내고 대중과 차를 나눠 마시고 다시 찬찬히 둘러보았다. 제10굴은 부처님 이후의 그 모든 것이 응축되어 있는 곳이다. 부처님께서 입적하신 후에 가장 먼저 이루어진 일은 사리탑의 조성이었다. 물론 초기의 불탑은 엄청나게 큰 것이라서 마치 작은 동산 같은 것이었다. 그리고 부처님을 그리워한 불자들이 조각을 하기 시작했는데, 바로 부처님을 상징하는 보리수였다. 같은 이유로 법륜조각이나 부처님의 발자국조각이 나타나다가 이윽고 불상이 조성되기에 이르렀다. 그러자 후대의 사리탑에는 불상을 모시는 방을 만들게 되었던 것이다. 다시 대승불교운동이 일어나면서 보살사상이 형성되고, 그 결과로 보살상이 나타나게 된 것이었다. 그 모든 역사가 제10굴의 안에 다 보인다. 바로 수백 년의 흐름을 읽을 수 있는 보물창고와 같은 곳이었다.

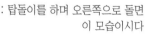
: 탑돌이를 하며 오른쪽으로 돌면 이 모습이시다

: 사리탑에는 많은 불상이 조성되어 있다

마음 같아서는 그냥 혼자 머물고 싶었지만 책임자로서는 그것이 불가능함을 너무나 잘 알기에 제10굴을 나왔다.

제10굴을 나와 3층으로 된 제12굴에 들어갔다. 사방 벽면에 불상과 보살상 및 신상 등이 끝없이 조성되어 있다. 1층과 2층은 스님들이 거주하며 공부한 곳 같았다. 입구를 제외한 3면에 승방들이 가지런히 만들어져 있고, 중앙 안쪽의 깊숙한 곳에 거대한 부처님이 모셔져 있다.

: 불교석굴의 마지막인 제12굴의 입구

3층은 1・2층 보다 훨씬 장엄하다. 중앙에는 기둥들이 정연하게 세워져 있고, 중앙 안쪽엔 전실(前室)과 불당(佛堂)이 있다. 그런데 벽면에 과거 7불을 포함한 가지각색의 불・보살상들이 새겨져 장관을 연출하고 있는 점이 다른 곳과 달랐다.

불교석굴의 마지막인 제12굴은 3층의 석굴 가운데 예불당(3층)과 수행공간인 승원(僧院, 1층과 2층)을 따로 마련한 형태로, 비하라 중에서는 가장 발달된 후대의 모습을 하고 있는 곳이다.

: 엘로라 제12굴 1층의 가장 안쪽에 부처님이 모셔져 있다

: 엘로라 제12굴 3층에는 과거 7불이 모셔져 있다

06

엘로라의 힌두 석굴사원

제12굴을 나와 시계를 보니 벌써 17시 14분이다. 제13석굴부터 제29석굴까지는 힌두 석굴로, 7~9세기경에 조성되었다고 한다. 이 중 제14굴과 제16굴은 힌두교 예술의 최고 걸작으로 평가된다.

제14굴에는 악마를 물리치는 두르가 여신상과 춤추는 시바상, 락슈미와 비슈누 신상 등이 있다. 시간상 그저 스치듯 지나간다.

: 엘로라 힌두 석굴사원 중에서 제법 유명한 제14굴의 입구

: 제14굴에 있는 시바신상 - 힌두교도들에게 가장 인기 있는 신에 속함

: 제15굴에 있는 조각 - 시바신은 늘 이 소 난다를 타고 다녔다

제16굴은 엘로라에서 유일하게 입장료를 받는 곳이다. 그만큼 그냥 지나칠 수 없는 곳이라는 뜻일 것이다. 하긴 일반인들에게 엘로라 석굴의 대표적인 곳을 꼽으라면 바로 이 굴을 선택하리라.

이름이 카일라사(Kailasa) 사원인 점으로 미루어 보아 힌두교와 라마교 그리고 불교의 성산(聖山)으로 여겨지는 카일라스 산을 옮기려는 의도였을 것이다.

: 엘로라에서 가장 인기 있는 제16굴 카일라사의 입구

카일라스(Kailas)산은 티베트 남서부 마나사로와르호 북쪽에 있는 산으로 높이는 6,714m이다. 서부 길이는 60~70km, 동부 최대 길이는 100km이다. 만년설의 신비로움을 안고 있는 카일라스는 '눈의 보석' 이라는 뜻이고, 산스크리트어로는 '신의 천당' 이라는 의미이다. 티베트에서는 카일라스를 수미산이라 부르며, 티

베트 불교 수행자들은 일생에 꼭 한 번쯤 다녀와야 하는 곳이라 생각한다. 불교경전에서는 수미산을 우주의 중심으로 지칭했다. 물론 이것은 어디까지나 상징이지만 티베트나 인도 등지에서는 카일라스를 실존하는 수미산으로 보고 있는 것이다.

: 불교도나 힌두교도들이 성스러운 산으로 여기는 카일라스

　제16굴의 입구는 아래에 출입구가 있고, 그 위를 큰 창처럼 뚫어 놓았다. 입장표를 들고 출입구를 지나니 바로 눈앞에 실물 크기의 코끼리가 보인다. 오른쪽을 보니 20m의 돌기둥이 서 있다. 그리고 다시 오른쪽으로 35m에 달하는 신전이 하늘로 치솟아 있다.

: 제16굴의 입구에서 안을 들여다 본 광경

: 입구를 지나면 바로 만나게 되는 실물 크기의 코끼리

: 코끼리의 오른쪽에 있는 20m높이의 석주를
신관 2층에서 본 것

입구는 작은 동굴처럼 되어 있었으나 정작 안쪽은 하늘이 그대로 열려 있는 형식이었다. 바위산을 뚫은 뒤에 안쪽 벽을 장식한 다른 석굴과는 달리 하나의 암벽을 위에서부터 파내려오는 기법을 사용하였으며, 석공가계가 5대에 걸쳐 바깥쪽 벽을 다듬어 대칭을 이루도록 하였단다. 데칸고원 대부분을 통치하던 크리슈티나1세가 통치하던 756년 착공하였고 7,000여 명의 일꾼들이 동원되어 150년 만에 완성하였다고 하며, 파낸 돌이 20여 만 톤이나 된다고 한다.

시바신의 거처로 만들어진 이 사원의 전체 규모는 폭45m, 입구에서 안쪽까지가 90m, 높이 35m로 거대한 규모이다. 중앙의 신전은 힌두교의 시바신(神)을 모신 사원이며, 제일 안쪽의 높이가 33m, 안까지의 거리가 54m, 정면의 길이가 46m로, 시바신의 상징인 링가를 모신 본전(本殿)이다.

본전에 들어가니 가장 중심에 시바신을 상징하는 링가(링감 - 남성 성기 상징)가 요니(여성 성기 상징) 위에 놓여 있다. 힌두교 순례자들은 소원을 성취하기 위해 링가를 만지며 소원을 빈다.

: 카일라스 산을 본떠 만들었다는 시바신의 신전인 본관

본전을 나와 사원을 한 바퀴 돌며 보니 본전을 에워싸고 회랑을 조성해 놓았다. 신전의 외부를 살펴보니 거대한 본전을 코끼리들이 떠받치고 있는 형태이며, 벽면에 새겨진 수많은 조각들이 경외심을 갖게 한다. 그 조각 가운데에는 시바 등의 여러 신상(神像)과 '라마야나(Rāmāyana)'를 소재로 한 부조(浮彫)가 있다. 라마야나는 산스크리트어로 된 고대 인도의 대서사시로, 코살라국의 왕자인 라마의 파란만장한 무용담을 엮어 놓은 것이다.

: 신전의 핵심인 시바신을 상징하는 거대한 링가가 요니 위에 놓여 있다

: 링가의 바로 위 천장에는 거대한 연꽃 문양이 조각되어 있다

: 힌두교도들은 이 링가를 만지면 신의 축복을 받아 소원이 성취된다고 믿는다

다른 조각으로는 이 사원과 연관한 것이 있는데, 바로 라마야나에 나오는 악신 (惡神) 라바나에 관한 것이다.

신들의 사랑을 받던 랑카(현재의 스리랑카)의 악신 라바나(Ravana)는 점차 방자해 졌다. 그는 모든 사람들의 사랑을 독차지하는 시바신이 못마땅해졌다. 자신도 시 바와 다를 바 없다고 생각한 라바나는 시바와 그의 아내 파르바티가 살고 있는 카 일라사 산에 들어가려고 했다. 그러나 문지기들은 라바나가 카일라사에 들어가 는 것을 허용하지 않았다. 화가 난 라바나는 시바의 주의를 끌기 위해 카일라사의 밑동을 들고 흔들었다. 파르바티가 놀라서 시바에게 달려갔고, 시바가 화가 나서

: 거대한 신전을 코끼리들이 떠받치고 있는 형상

: 신전을 둘러싼 외곽은 보이는 것처럼 모두 회랑 모양으로 만들었다

: 신전 외벽에 있는 인도 대서사시 라마야나 내용을 조각한 것 중 일부

오른발의 발가락으로 산을 지그시 눌러 라바나를 산 밑에 가두어 버렸다. 그때에
야 시바의 엄청난 위력을 알고, 산 밑에 깔린 채로 천년동안 시바를 칭송하는 노
래를 불렀다. 그러자 노여움이 풀린 시바가 라바나를 풀어 주었다.

 하나의 바위를 깎아 만든 세계에서 가장 큰 조각상인 카일라사 사원의 조각으
로 일몰을 예고하는 노을이 짙어지고 있다. 아쉽지만 여정을 서둘러야 한다. 이
거대한 사원을 20여 분 만에 살펴야 하는 입장이 안타까울 따름이다.

: 아래쪽의 악신 라바나가 시바와 부인 파르비티가 머무는 카일라스를
들어 올리는 모습

: 기뻐서 춤을 추는 시바신 : 사랑의 신 카마가 사랑의 : 아름다운 조각에 내리는
                            화살을 쏘는 모습   노을이 길을 재촉한다

: 뒷편 언덕에서 내려다 본 카일라사 사원의 일부
 - 가장 높은 곳이 신전

07
엘로라의 자이나교 굴원

: 제17굴의 입구는 제12굴의 입구와 흡사하다

제16굴 카일라사 사원을 나서며 시계를 보니 17시 32분이다. 이미 서쪽 나무 꼭대기로 해가 깃들려고 하고 있다. 걸음을 재촉하여 제17굴 입구를 지나치는데 어디선가 본 듯하다. 그랬다. 제12굴 불교사원 입구와 비슷했다.

제21굴에는 강가(갠지스)의 여신상이 멋진 자태를 뽐내고 있었고, 제22굴에는 압살라(무희)상이 요염하다. 제22굴에는 팔이 10개인 시바신상을 조각해 두었다.

제30굴에서 제34굴까지는 자이나교사원인데 8~11세기에 만들어진 것이라고 한다.

: 제21굴에는
강가(갠지스)여신상이 있다

: 제22굴의 압살라(무희)상은
매우 요염하다

: 제22굴에 있는 팔이 열 개인 시바신상
- 불교의 호법신상에도 비슷한 모양이 있다

: 제32굴 앞 광장 바닥에는 제32굴이라는
표식이 있다

: 문을 들어서자 만나게 되는
사당 같은 건축

이미 사위는 어둑어둑해지고 있다. 결국 우리는 가장 중요하다는 제32굴로 직행했다. 굴원 앞의 광장 바닥에 제32굴 입구라는 글자와 화살표시가 있다. 마치 저택의 대문 같은 입구를 들어서니, 바로 앞에 작은 사당 같은 건축이 있다. 그 안에는 선정에 든 마하비라상이 있다.

시선을 돌리니 오른쪽에는 높이 10m쯤 되는 기둥과 코끼리 석상이 있다.

: 작은 사당 같은 건축 안에 봉안된
선정에 든 마하비라상

: 사키라의 오른쪽에는 거대한
코끼리상이 있다

: 실제로 나체로 수행하는
자이나교의 개조 마하비라상

　자이나교(Jainism)는 석가모니부처님과 거의 동시대의 인물인 마하비라(Mahavira)를 개조(開祖)로 한다. 그런데 이 '마하비라' 는 본명이 아니라 "위대한 인물" 이나 "영웅" 이라는 의미의 존칭이다.

　마하비라의 본명은 '바르다마나' (Vardhamana)이며, 초기 불교 경전에서는 '니간타 나타푸타' (Nigantha Nataputta)로 기록하고 있다. 군주의 아들이었던 마하비라는 어려

: 사키라의 왼쪽에 있는 조각은 마하비라의 생애와 관계가 있는 듯

서부터 호화롭고 사치스런 생활을 즐겼지만, 30세 때 모든 것을 버리고 구도의 길에 접어들었다. 처음에는 다른 수행자들과 수행했으나 나중에는 독자적인 길을 개척했으며, 금욕과 불살생의 원칙을 철저하게 지키며 12년간 고행을 했다. 그는 13년째 해의 여름 마침내 깨달음을 얻었다. 이로써 그는 자신의 육체를 비롯한 물질세계와 모든 욕망에 대해 승리를 거둔 '지나' (Jina), 즉 "정복자"가 되었다. 이후로 마하비라의 추종자는 '자인' (Jain)이라고 일컬어지게 되었으며, 바로 여기서 '자이나교' (Jainism)라는 명칭이 나왔다. 이후 마하비라는 30년간 신도들을 이끌고 가르치다가 72세를 일기로 세상의 인연을 다했다고 전한다.

왼쪽으로 돌아가니 마하비라의 생애에 대한 조각들이 보인다. 불살생을 가장 중하게 생각한 자이나교는 다른 생명을 다치게 하지 않으려고 나체로 수행을 하였기에 조각도 나체 그대로 표현되었다.

꽤 높은 계단을 지나 본당에 오르니 조각이 화려하다. 제32굴은 엘로라 석굴 중에서 가장 후대에 조성되었다. 그래서인지 조각기법이나 그림 등이 매우 섬세하며, 채색된 천장화는 사람을 놀라게 할 정도이다. 본당에는 풍요를 상징하는 지모

: 제32굴의 벽면에 조각되어 있는
타라 비천상

: 제32굴 본당 기둥의 섬세하고
화려한 조각

: 제32굴의 천장에는 돌출된 대형 연꽃에
채색이 된 멋진 조각이 있다

: 고개를 들어 천장을 보면
채색화가 눈에 들어온다

: 놀라움을 금할 수 없는 제32굴 천장의
화려한 채색화 일부

신(地母神)인 약시(yakshi)상 등이 있는데, 많은 사람들이 소원을 빌었는지 가슴 부분이 유난히 반들거렸다.

　본당에서 서쪽을 바라보니 코끼리상 너머로 해가 떨어져 버렸다. 17시 58분, 겨울이라서 엘로라의 해는 짧기만 하다. 이제 서둘러 숙소로 돌아가야 한다.

　제32굴에서 나와 제1굴 쪽을 바라본다. 불교와 힌두교 그리고 자이나교의 사원이 한곳에 공존해 왔다는 사실이 불가사의한 인도의 한 측면을 보여주는 것 같다.

: 본당에는 인도사람들에게 가장 인기 있는
약시상이 있다

: 약시상은 지모신(地母神)으로 풍요를 상징
- 소원을 빈 사람들의 손자국

: 코끼리상 너머로 해가 숨어버리고
어둠이 내린다

: 해가 나무 사이로 마지막 열정을 사르며
귀가를 재촉한다

08

라마 인터내셔널 호텔

18시 08분, 엘로라는 어둠 속에 서서히 잠자리에 들 준비를 하고 있었다. 문득 배가 고프다는 생각이 들었다. 우리를 태운 버스는 다시 털털거리며 호텔을 향해 달렸다.

: 두 번째의 밤을 보낸 라마 인터내셔널 호텔의 입구
- 점심때 촬영한 것임

: 엘로라에서 돌아와 다시 본 호텔의 현관

: 호텔의 전면 벽에 있는 부조 - 엘로라의 조각을
재현한 것임

: 라마 인터내셔널 호텔의 싱글 룸

: 식당에 가려고 방을 나와
로비로 가는 길에 찍은 복도

: 로비에서 대중들이 약속 시간을
기다리고 있는 모습

: 로비의 한 켠에 2층으로 오르는 계단이 있고,
그 앞의 꽃꽂이가 이쁘다

: 호텔의 식당은 마치 우리가 단독으로
사용하는 것 같았다

19시 26분 라마 인터내셔널 호텔에 도착하니, 마치 제 가족이라도 되는 듯 반겨준다. 낯선 곳을 여행할 때는 비록 의례적인 인사라 할지라도 훨씬 더 정겹게 다가온다. 방에 들러 세수만 하고는 로비로 나가니 대중들이 다 모이기를 기다리고 있었다. 점심때 잠깐 들려 본 식당이지만 저녁 시간은 훨씬 풍성했다. 뷔페식 공양이니 자기 입맛에 맞는 것을 골라 먹으면 된다. 차를 넉넉하게 마셨더니 몸이 완전히 풀렸다.

21시 05분 저녁공양을 마치고 여행사 직원들과 내일의 진행사항을 점검했다. 핀두에게서 100달러를 환전했다. 오가는 곳마다 손을 내미는 병약해 보이는 아이들이 눈에 밟혔기 때문이다. 어떤 이들은 아이들에게 돈을 주면 안 된다고 하지만, 인도의 사정을 잘 몰라서 하는 얘기일 수도 있다. 인도에는 인간 대접을 받지 못하는 불가촉천민이 있다. 그들의 삶은 정말 비참한 경우가 많은데, 그들의 아이들은 공부도 하지 못할 뿐만 아니라 당장 끼니를 해결하지 못하는 경우가 많은 것이다. 그 아이들이 순례자들로부터 얻은 푼돈이 당장 그날 가족을 먹여 살리는 양

식이 될 수 있다. 어쨌거나 100달러를 인도 화폐 루피로 바꾸니 한 뭉치나 되었다.

21시 45분 소화도 시킬 겸해서 카메라를 들고 방을 나섰다. 로비는 한산한 편이었다. 그래도 밖은 시끌벅적하기에 무슨 일인가 하고 살폈더니, 호텔 마당에 있는 공연장 비슷한 곳에서 나는 소리였다. 입구까지 가서 보니 결혼식을 하는 모양이다.

: 호텔 방에 있는 소 그림
- 문득 이중섭의 〈소〉가 생각났음

호텔 정문을 나서서 살펴보았다. 호텔이 대개 그렇듯이 약간 외곽지대라서 그저 한산했다. 어두운 주변을 둘러봐도 별로 찍을 것이 없어 돌아서려니 누군가의 시선이 집요하게 따라붙는 듯했다. 고개를 들어 보니 열엿새 둥근 달이 나를 바라보고 있었다.

: 밤에 호텔 현관문을 나서며 본 모습   : 호텔의 정원에 따로 야외 연회장이 있었다

: 야외 연회장에서
결혼식 뒤풀이 파티를 하고 있었다

방으로 돌아와 메모를 정리한 후 반신욕을 했다. 차를 한잔 마시며 향을 사르니 곧 이곳이 도량이다. 음악 감상을 1시간 정도 하니 새벽 1시다. 다음날의 일정을 위해 잠자리에 들었다.

: 누군가 계속 지켜보는 듯하여 고개를 드니 달님이었다

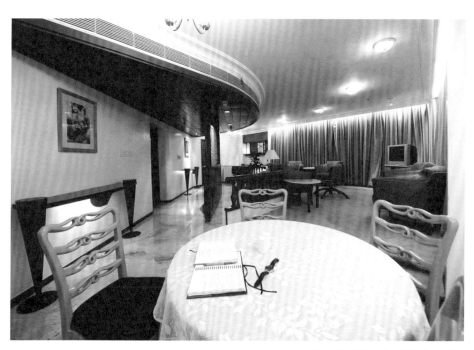

: 하루의 메모를 정리하다가 한 컷 찍다

09

아잔타로 향하다

눈을 떠 불을 켜고 시계를 보니 03시 15분이다. 좀 푹 자는 것도 좋으련만… 쯧쯧!. 잠시 침대에 앉아 몸을 흔들어 긴장을 풀어주고, 방을 두어 바퀴 돈 뒤에 욕탕으로 가서 반신욕을 했다. 그리곤 그새 길어버린 머리칼을 삭발했다. 삭발 후의 그

: 로비 맞은 편에 있는 야외 연회장에
남아 있는 간밤의 파티 흔적

: 내가 묵은 방 옆에 있던 정원 - 별채가 있는 곳이었다

상큼함을 재가(在家)의 사람들은 모를 것이다. 보이차를 진하게 몇 잔 마시니 맑게 갠 가을하늘처럼 된다. 향을 사르고 가부좌를 틀고 앉아 무심의 경지에 들었다.

다리를 풀고 일어나 뜰로 나섰다. 간밤의 잔치 뒷모습도 보고, 호텔 주변도 한 바퀴 돌고 오니 다들 식당에서 아침공양 중이다. 방으로 들어가 짐을 꾸리고 나오니 모두 버스에 오를 준비를 하고 있다. 우리가 아잔타로 향할 버스의 기사는 미남에다가 듬직한 것이 믿음이 가는 신사였다. 호텔의 도어맨이 웃기에 사진을 찍어도 되겠냐고 물었더니 좋다고 부동자세를 취한다. 문 안에서 예쁜 종업원이 미소를 짓기에 사진의 모델이 되어 달라고 했더니 흔쾌히 자세를 취해 주었다. 아침부터 기분이 아주 상쾌하다. 로비의 꽃꽂이도 인사를 한다.

: 우리를 아잔타로 안내한
관광버스의 기사님

: 카메라 앞에 부동자세를 취한
도어맨

: 기꺼이 모델이 되어준
호텔 종업원의 미소

: 이른 아침 새롭게 단장한
로비의 꽃꽂이

: 경전에 자주 등장하는 흰 소가 끄는 수레인
백우거를 만나다

: 인도를 다니다 보면 나무터널처럼 생긴 이런
길을 자주 만난다

07시 20분, 대중이 모두 탑승하자 버스는 아잔타를 향해 시동을 걸었다. 시내를 벗어나 한 시간 남짓 달렸나 보다. 길에 경전에서 설명한 백우거(白牛車)와 황우거(黃牛車)가 보였다. 잠시 후 우리는 중간의 작은 휴게소의 해우소를 들렀다. 버스로 돌아가는데 이슬람교도로 보이는 아가씨가 있기에 카메라를 들어 보였더니 고개를 끄덕인다. 고맙다고 인사한 후 사진 한 컷을 찍었다. 길에는 마침 태국의 툭툭이처럼 보이는 차에 어린 학생들이 타

고 가면서 미소를 보낸다.

: 우리가 해우소의 신세를 진 중간의
휴게소

: 중간 휴게소 앞에서 만난
이슬람교도인 소녀

: 학교 가는 길에서 우리에게 미소를
보여 준 학생들

11시 35분, 우리는 드디어 아잔타의 버스 종점에 도착했다. 버스에서 내리니 노란 꽃이 먼저 반긴다.

여기서부터는 석굴 입구까지 가는 전용 소형 버스를 타야 한다. 우리 대중과 몇 사람의 관광객이 타니 딱 알맞다.

버스는 산 아래의 작은 목장을 지나고 굽이굽이 돌더니 10분 후에는 종점에 이르렀다. 마지막 해우소가 있고 그 앞에는 말의 편자처럼 생긴 아잔타의 안내도가 눈에 들어온다.

: 아잔타 정류장에 내리니 이 꽃이
제일 먼저 반겨 주었다

: 버스 종점에서 갈아탄
아잔타 석굴사원으로 향하는 미니버스

: 아잔타 석굴사원 아래에 있는 목장

: 아잔타의 버스 종점 앞 해우소 앞에서
기다리고 있는 대중들

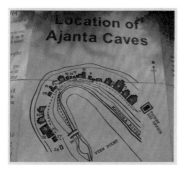

아잔타 석굴사원은 해우소에서 조금 높은 곳에 있다. 석굴 참배 중에는 해우소에 갈 수 없기에 마지막 해우소에서 근심거리를 해결한 후 계단을 이리저리 돌아 언덕을 치고 오르니, 이윽고 꿈에 그리던 아잔타가 눈앞에 그 위용을 보였다.

: 해우소 앞에 있는 아잔타 안내도
- 말의 편자처럼 생긴 아잔타 석굴

: 마지막 해우소에서 계단을 오르면 문득
눈앞에 나타나는 아잔타 석굴

아잔타 석굴(Ajantā caves)은 인도의 데칸 고원 서부에 위치한 석굴사원으로 마하라슈트라주의 오랑가바드(Aurangabad)에서 북동쪽으로 약 105km 떨어진 아잔타(Ajanta) 마을 근처에 있다. 데칸고원의 숲을 지나며 흐르는 아고라 강(江) 협곡의 높이 70m 암벽에 장장 1.5km에 걸쳐 29개의 석굴이 있다. 아잔타 석굴도 엘로라 석굴과 마찬가지로 기원전 2세기부터 만들어지기 시작했으나 서기 2세기경 중단되었다가 5세기 말부터 다시 석굴 조성이 시작되어 대략 6세기까지 지속되었다. 8세기 들어 불교가 쇠퇴함에 따라 약 1,000년 이상 방치되어 세상에서 잊혔었다.

: 석굴의 건너편에 설치된 전망대에서 전체를 본 정경

아잔타 석굴은 5개의 차이트야(제9,10,19,26,29번 석굴)와 24개의 비하라로 구성되어 있다. 차이트야는(chaity -a)는 스투파(사리탑) 또는 불상을 모신 사원으로 두 줄의 커다란 돌기둥과 회랑이 있고 그 안쪽에 사리탑을 모신 형태이다.

이 아잔타 석굴은 1819년에 호랑이 사냥을 하던 영국군 병사 존 스미스(John Smith) 일행에 의해 우연히 발견되어 1,000년 동안 잠들어 있던 이 장소가 처음으로 소개되었고, 1893년 퍼어슨(Person)이 조사 발굴하여 완전히 세상에 알려지게 되었다. 현재는 세계가 인정하는 불교예술의 보고(寶庫)이자 건축·미술·불교사 연구의 중요한 역사적 자료이다.

매표소를 향해 가다가 왼쪽 언덕을 보니 전망대가 있다. 물어보았더니 존 스미

스가 처음 석굴을 발견한 장소에 세워 놓은 것이란다. 시선을 내려 휘어져 흐르는 아고라 강을 보니 비가 오지 않는 건기(乾期)라서 그저 개울처럼 보인다. 시선을 멀리 던져보니 마지막 석굴 있는 곳이 아스라이 보인다.

: 비가 오지 않는 건기라서
개울처럼 말라 있는 아고라강

: 왼쪽 끝이 마지막 석굴이 있는 곳이지만 멀어서 잘 보이질 않는다

: 아잔타 제1굴의 입구 - 건너편에서 본 모습이다

: 제1굴 외벽의 조각도 아주 다양하고 섬세하다

매표소를 지나면 바로 제1굴이다. 바깥에는 굵은 돌기둥이 일렬로 서 있고, 그 안쪽으로 나무문 두 짝이 출입구이다. 외벽의 조각도 매우 훌륭하고, 문 위로 채색이 제법 선명하다.

: 바로 앞에서 본 제1굴의 정문
 - 문 위의 채색이 선명하다

: 문을 열고 들어서면 정면에 바로 보이는
부처님과 좌우보처 보살상

: 불당 안에 모셔진 초전법륜의 부처님
 - 설법인이 보인다

　문을 열고 들어서니 정면에 설법을 하시는 부처님상과 좌우보처의 보살상이 눈에 바로 들어온다.

　아아, 아잔타! 꿈에 그리던 모습이여!

　얼어붙은 듯 한동안 합장하고 섰다가 조용히 다가가 가사를 수했다.

　관리하는 이들이 내 모습을 보고는 관광객을 차단하는 통제 금줄을 열고 불당 안으로 안내했다. 부처님께 작은 정성을 바치고 오체투지 예를 올린다.

　"세존이시여, 그동안 설하시는 무량한

: 기하학적 구조로 조성된 천장의 다양한 그림들

법문을 듣고 있었나이다. 지금 제자 송강이 몸과 마음 다하여 스승님을 뵈옵니다."

가만히 좌대를 살피니 법륜이 새겨져 있고, 그 주위에 사슴과 사람이 있다. 아마도 녹야원에서 처음 법을 설하시는 부처님을 제1굴에 모신 것 같다. 불당 안은 꽤나 어두웠다. 석굴 안은 카메라 플래시를 사용해서는 안 되었기에 사진을 찍지 못하고 있었는데, 관리인이 손전등을 가져와 도와주었다. 이 관리인은 이후로도 손전등을 들고 따라다니며 중요한 불화들을 가리켜 주었다.

: 제1굴에 대한 설명을 경청하고 있는 성지순례자

아잔타 석굴사원(2)

불당을 나와 왼쪽을 보니 오른쪽 보처보살인 연화수보살(蓮花手菩薩, Bodhisattva Padmapani)이 보인다. 지연화보살(持蓮花菩薩)이라고도 불리는 이

불화는 아잔타를 소개할 때 가장 많이 등장한다. 그만큼 미묘하다. 활처럼 휘어 그린, 하나로 연결된 눈썹, 연꽃을 닮은 봉황의 눈매, 오뚝한 콧날과 고혹적인 입술이 사람의 시선을 붙잡는다. 몸은 오른쪽으로 상당히 꺾였는데 고개를 왼쪽으로 젖혀 균형을 잡았다. 살짝 들어 올린 오른손에는 연꽃이 들려 있다.

: 불당의 본존불을 오른쪽에서 보좌하는
연화수보살

: 연화수보살(蓮花手菩薩)의 미묘한 얼굴 표정이
시선을 뗄 수 없게 한다

아아! 이 불화를 조성한 이는 얼마나
깊은 신심이었기에 이토록 아름다운
보살상을 조성할 수 있었단 말인가.
아니다. 이는 누가 조성한 것이 아니
라 순례자를 위해 보살께서 자신의 모
습을 투영해 놓으신 것이리라. 어쨌거
나 나는 나오는 마지막 순간까지 몇
번이나 다시 보았는지 모른다.

이번엔 시선을 돌려 오른쪽 벽면으
로 향했다. 거기엔 부처님의 정법을

: 본존불을 왼쪽에서 모시는
밀적금강보살

수호하겠다는 호법의 상징처럼 바즈라(Vajra, 金剛杵)를 손에 든 밀적금강보살(密迹金剛菩薩, Bodhisattva Vajrapani)이 지키고 있었다. 머리에는 보관을 쓰고 손에는 최강의 무기인 금강저(金剛杵)를 손에 들었다. 몸은 왼쪽으로 젖히고 고개는 오른쪽으로 살짝 숙인 모습이 참으로 위의가 대단하다. 그 위엄 때문일까? 보살의 시선이 닿는 바로 왼쪽 아래에서 왕이 꽃을 바치고 있다. 그리고 왼쪽 위로는 악기를 손에 든 건달바(Gandharva)와 그의 부인 압사라(天女)가 마주 보고 있다.

떨어지지 않는 발걸음 겨우 옮겨 오른쪽 벽면으로 향했다. 우선 눈에 들어오는 것은 부처님의 전생 이야기, 즉 자타카(Jataka)를 그린 것들이다. 한곳에는 머리를 풀어헤친 청년이 앉아 있고, 머리 위에서 물동이를 기울여 물을 붓고 있다. 주변에는 여러 가지 준비하는 사람들이 바쁘다. 바로 물로 축복하는 '관정장면' 이다.

그 외에도 자타카의 여러 얘기를 표현한 그림이 있었으나 훼손된 부분이 많아 자세히 알기는 어려웠다.

: 부처님의 과거생 얘기 중에서 관정하는 장면을 묘사

: 자타카 중의 한 부분을 설명한 것으로 보임

: 자타카 중의 한 부분을 설명한 것으로 보임

: 싯다르타 태자가 탄생한 직후의 장면처럼 보임

다른 한쪽에는 마야부인이 싯다르타왕자를 출산한 직후를 표현한 것으로 보이는 그림이 있었고 그와 관련된 장면으로 추정되는 것들이 있었다.

: 부처님의 어머니인 마야부인과 연관이 있는 것으로 보이나 확실하지는 않음

약간 위쪽으로 네 분의 부처님이 각각 다른 모습으로 앉아 계셨고, 시선을 돌리니 흔히 '흑인공주도' 라고 일컬어지는 그림이 눈에 들어왔다. 뿐만 아니라 인도의 사원에서 흔히 목격할 수 있는 한 쌍의 남녀가 있는 미투나상이 거의 나신에 가까운 모습으로 에로틱하게 표현되어 있다.

: 벽면의 윗부분에 그려 모신 네 분의 부처님은
가사와 수인이 각각 다르다

: 벽화에는 흔히 '흑인공주도' 라고
불리는 특이한 그림도 있다

: 인도의 사원에서 흔히 볼 수 있는
한 쌍의 남녀 미투나상

아잔타석굴에서 벽화가 남아 있는 굴은 6세기 초에 속하는 제1굴과 제2굴, 그리고 5세기 말경에 해당하는 제16굴과 제17굴이다. 이 시기에는 이미 대승불교사상이 확고하게 정리된 뒤였기에 보살상이나 본생담 등이 벽화로 그려졌다. 벽화는 우선 벽이나 천장의 표면에 짚이나 동물의 털을 섞은 진흙을 발라 표면을 매끄럽

: 제1굴 내부의 섬세하고 장엄한
　벽화와 조각들

: 천장화에서 가장 눈에 띄는
　연화도

게 다듬은 다음 다시 석고를 입히고 그 위에 그림을 그리는 방법으로 제작되었다고 한다. 그래서 벽면의 불화를 보면 덩어리가 떨어져 나간 형태로 훼손되어 있다.

: 천장을 받치고 있는 기둥의 상단 부분에 있는 사슴조각

: 조명을 받고 있는 벽화와 자연광으로 보는 기둥이 묘한 조화를 이룬다

벽화에서 물러나 전체를 살펴보니 벽면의 불화와 기둥의 조각들과 천장의 기하학적인 문양들이 멋진 조화를 이루고 있었다. 천장에는 큰 연화도가 확연한 모습으로 눈에 들어왔다. 시간관계상 제1굴을 떠나야했기에 돌아보고 또 돌아보며 물러나는데, 기둥 상단의 사슴조각 등이 보였다. 참으로 아름다운 제1굴이다. 물러나 제2굴로 향하며 외벽을 살피니 그곳에도 멋진 조각들이 있었다.

: 제1굴의 외벽에 있는 조각 - 태자의 탄생상처럼 보임

12

아잔타 석굴사원(3)

제1굴을 나오니 눈이 부시다. 어둠에 익숙해진 눈이 빛을 감당하기 힘들었기 때문이다. 어리석음에 젖어 있는 사람들도 지혜의 빛을 만나면 그 빛을 감당할 수 없어 어쩔 줄을 몰라 하는 경우가 많다. 시계는 11시를 훌쩍 넘기고 있다.

: 아잔타 제2굴의 입구 - 외벽의 조각들이
부처님의 탄생, 전생과 연관 있다

: 문을 둘러싼 조각들 낱낱이
아주 섬세하다

제2굴 외벽의 조각들은 부처님과 관련된 여러 가지 형상을 나타내고 있다. 문은 비밀을 간직하려는 듯 굳게 닫혀 있다.

조심스레 문을 열자 마치 적멸의 경지를 설하시는 듯 가장 안쪽의 불당에서 설법인(說法印)을 보여 주신다.

혼자 왔다면 그냥 주저앉아 가부좌를 틀고 무량한 부처님의 법음(法音)을 온종일 듣고 있었을 것이다. 하지만 뒤이어 들어온 대중들이 참배하고

: 제2굴의 내부는 그대로 적멸도량임을 보여 준다
- 한없이 앉아 있고 싶었다

설명을 듣느라 부산스레 오고 가는
지라 정좌하는 것은 포기해야 했다.
대신 최대한 가까이 다가가 부처님을
대하고 합장한다. 부처님께서는 예까
지 오느라 수고했다며 미소로 맞아
주신다.

　좌우보처보살이 모시고 서 있고, 좌
대 아래에 설법을 듣는 대중들 조각
이 보인다. 좁은 불당 안에 들어서야
만 전체가 시야에 들어오는 모습인
데, 이도 또한 관리인의 배려로 가능
했다.

: 제2굴의 본존불께서 고요히
미소로 맞아 주셨다

: 불당 안으로 들어가 친견하면 좌우보처보살과
설법을 듣는 대중들이 보인다

: 태자시절을 그린 것으로
추정되는 벽화

불당에서 물러나 벽화를 보니
자타카의 내용을 그린 것으로
추정되는 것들도 보이고, 태자
시절의 모습도 보이며, 출가하
여 수행하는 보살로서의 모습도
보인다.

: 왕궁생활 또는 자타카의 내용을
묘사한 것으로 보이는 벽화

: 왕궁생활 또는 자타카의 내용을
묘사한 것으로 보이는 벽화

: 출가하여 보살의 길로 들어선 것을
묘사한 것으로 보임

벽면의 조각들은 매우 섬세하면
서도 입체감이 분명한데, 특히 천
장을 받치는 기둥의 조각에는 채
색이 어느 정도 남아있어서 벽면
의 그림과 아주 묘한 조화를 이루
고 있다.

: 자타카의 내용을 조각한 것으로 보임

: 기둥의 섬세한 조각이 눈을 사로잡는다

: 기둥의 조각과 벽면의 그림이
묘한 조화를 이룬다

: 벽면 조각들의 입체감이 너무나 생생하게 느껴진다

: 천장에는 불당 안과 밖에 두 개의 원형 만다라가 있다

고개를 들어 천장을 보면 불당 안과 밖에 쌍으로 원형 만다라가 그려져 있고, 제 1굴과 마찬가지로 기하학적인 도상들이 보인다.

그리고 자타카의 내용처럼 보이는 것들도 다수 있으며, 외국인처럼 보이는 인물상들도 있다. 외국을 오가는 대무역상들이 시주(施主)일 가능성이 높다는 뜻이리라.

그림 가운데는 큰 과일을 두 사람이 힘겹게 드는 장면이 있다. 문득 떠오르는 자타카의 얘기 하나가 있다.

아주 오랜 옛날 부처님의 전생에 원숭이의 왕이었던 때가 있었다. 지혜롭고 덕이 높아 모든 원숭이들이 잘 따랐다. 그들이 있는 숲에는 아주 크고 맛있는 망고가 열리는 나무가 있었는데, 강가에 있었다. 원숭이왕은 부하들에게 망고가 익었을 때는 망고가 강에 떨어지지 않도록 하라고 신신당부를 했다. 그러나 보초를 서던 원숭이가 조는 사이에 망고 하나가 강물에 떨어졌다. 그 망고는 강물을 따라

: 외국인으로 보이는 두 사람의 모습에서 보시자가
상인이었음을 짐작케 한다

: 자타카의 내용을 그린 것으로
보이는 천장화

: 아주 큰 과일을 들고 있는
두 사람의 그림

: 자타카의 내용을 그린 것으로
보이는 천장화

큰 항구에 이르게 되었고, 그 망고를 발견한 뱃사공은 왕에게 그 망고를 바쳤다. 그 망고가 너무 맛있었기에 왕은 직접 군대를 이끌고 망고를 찾아 강을 거슬러 올랐고, 이윽고 원숭이들이 모여 사는 망고 숲에 이르렀다. 군사들은 망고나무를 에워싸고 원숭이들에게 활을 쏘기 시작했다. 원숭이 왕은 자기의 꼬리를 나뭇가지에 묶고는 강 건너의 나무로 몸을 던져 가지를 붙잡아 다리를 만들었다. 그리고는 원숭이들을 피신시켰다. 나무 아래에서 그 모습을 본 왕은 군대를 철수시켜 원숭이들이 평화롭게 살 수 있도록 했다.

어쩌면 천장 그림의 큰 열매는 그 망고가 아닐까?

한편에는 연꽃을 도상화한 것이 있는데, 얼핏 보기에는 부처님을 상징하는 것처럼 보인다. 그리고 23마리의 거위 그림이 있는데, 이 그림은 마치 근래에 그린 것처럼 현대적인 감각을 보이고 있다.

: 도상화된 연꽃으로
부처님을 상징한 것으로 보임

: 마치 현대화와 같은 느낌이 드는
거위들의 그림

13

아잔타 제4굴에서 제9굴까지

제2굴을 나온 시각이 10시 48분이다. 대중들은 이미 저만치 앞서 간다. 제4굴에 이르러 잠시 참배를 한다. 제1굴에서 제5굴까지는 가장 후대에 이루어진 것인 만큼 그 솜씨들이 비슷하지만, 제4굴은 벽화가 없는 대신 조각이 보다 입체적인 느낌을 준다. 특히 서 계신 부처님이 많이 조성되어 있어서, 금방이라도 걸어 나오실 듯하다. 급하게 몇 컷을 찍고는 서둘러 나올 수밖에 없다.

: 아잔타 제4굴에는 벽화 대신 입체감이
확실한 조각상이 있다

: 제4굴의 벽면에 부분적으로 암벽을 깎아
부조로 조성한 불상들이 정겹다

: 제4굴의 설법상에도 좌우보처
보살상이 있다

: 제6굴의 입구 위쪽에 있는 다양한 불상부조
- 벽면과 천장이 단순하다

대중들은 이미 시야에서 사라졌다. 그러거나 말거나 나는 제6굴로 향한다. 우람한 돌기둥의 안쪽에 있는 제6굴은 4세기경에 조성된 석굴이다. 앞서 본 석굴보다 150~200년이 앞서는 만큼 차이가 분명하다. 석굴내의 기둥에서 보이던 섬세한 조각들이 보이질 않고, 불상들도 상대적으로 단출한 모습을 보인다. 그러나 한편으로는 힘이 느껴졌다. 부분적으로 벽화가 있기는 하지만 역시 수준은 제1~2굴에 못 미친다. 제6굴은 유일하게 2층 구조이며, 2층에는 두드리면 소리가 나는 '음악기둥'이 있다.

: 제6굴의 내부는 입체적인 느낌이
확실하게 느껴진다

: 제6굴 감실에 모셔진 본존과 그 앞의 조각상이
제1기의 조성임을 짐작케 한다

: 제6굴의 입불상에는 아직
초기불상의 느낌이 있다

: 제6굴 감실 안의 초전법륜상과 좌우보처보살
- 간결하나 힘이 느껴진다

: 의자에 걸터앉은 부처님의 발을
연꽃이 받치고 있다

: 제6굴에도 벽화가 있으나
제1굴과는 비교가 되지 않는다

: 제8굴의 입구는 다른 석굴과는 좀 다르다. - 제1기의 석굴이기 때문일까?

카메라가방을 들어주는 인도여행사 직원만 데리고 제8굴에 이르렀다. 제8굴에서 제13굴까지의 6개 굴은 가장 먼저 조성된 제1기의 석굴들로, 대략 기원전 1세기에서 기원후 1세기경에 조성되었다. 제8굴 앞에는 그리 높지 않은 육중한 기둥

: 제8굴의 불상은 기원 전후에 조성되었음에도
완벽한 느낌을 준다

: 제8굴의 부조 - 연꽃 위에 서 계시는 부처님들이 정겹게 다가온다

이 안정감 있게 서 있고, 문은 다른 굴에 비해 시원스레 넓은 편이다. 벽면에는 다양한 형태의 부처님상이 부조로 조성되어 있었고, 불당에는 설법수인을 한 초전법륜상이 본존으로 모셔져 있다. 본존의 상호는 원만하면서도 위엄이 있었고, 본존의 몸체 뒤에는 신광(身光)을 표현하였다. 또한 본존의 머리 위 천장에는 원형의 만다라가 조성되어 있어서 비록 단순한 형태이지만 지극한 신심으로 조성했음을 느낄 수 있다. 벽면 부조 가운데 간단하게 처리한 연꽃 위의 입불상(立佛像)을 보노라니 친근감이 들었다.

: 제9굴의 불상은 후대에 조성된 것이라고 한다

아잔타에는 예배당(차이트야)이 제9, 10, 19, 26, 29굴의 다섯 개만 있다. 이제 그 가운데 하나인 제9굴에 이르렀다. 반원형의 창 아래에 있는 출입문을

들어서면 23개의 돌기둥이 받치고 있는 예배당, 차이트야가 나타난다. 정면에는 원통형의 단 위에 발우를 엎어 놓은 형태의 반구형의 탑 몸체가 있다. 몸체 위에는 다시 평두(平頭)와 산개(傘蓋)가 조각되어 있다. 천장과 벽면 그리고 기둥에는 특별한 조각을 하지 않고 벽화로 장식했다. 세월도 오래되었지만 관리의 소홀로 인해 벽화가 너무 훼손되어 안타깝기만 하다.

아잔타의 벽화는 '템페라 기법'으로 조성되었다. 사용된 색을 보면 흰색, 노랑, 빨강, 검정, 초록, 파랑의 여섯 가지가 기본이다. 불화에서 사용된 색의 상징성을 보면 흰색은 웃음, 노랑은 경이로움, 빨강은 분노 또는 격앙된 감정, 검정은 두려움, 파랑은 즐거움 또는 에로틱함을 나타내는 경우가 많다. 이 상징을 참고로 하여 보면 불화의 해석에 도움이 된다.

벽화 가운데 유난히 눈에 띄는 것이 있는데, 바로 부처님과 제자들 그리고 신자

: 제9굴 예배당의 모습 - 사리탑과 기둥 등이
단순하지만 장엄하게 느껴진다

: 제9굴의 기둥과 천장과 벽면의 벽화
- 너무 훼손되어 안타깝다

들이 모여 있는 장면이다. 어디서 무슨 가르침을 펼치고 계신 것일까? 궁금하여 여쭤 봤더니 웃으시며 말씀하셨다.

"잘 왔다 비구여! 내 이천년 동안 그대 오길 기다렸노라. 그대는 나를 보고 있고 나는 그대를 보고 있나니, 이 밖에 다른 법은 없노라. 바로 이 말을 해 주기 위해 기다렸노라."

: 부처님과 제자들과 신자들이
함께 있는 벽화

아잔타 제10굴의 예불

14

: 제10호굴 앞에서 내가 도착하길 기다리는 대중
- 잘못도 없이 미안해진다

제9굴을 나오니 저만치 대중들이 모여 있다. 우리가 예불과 기도를 하기로 예정된 제10호굴에 이르렀는데, 내가 늦어지자 그 앞에서 쉬고 있었던 것이다. 대중들의 뒤로 제10호굴을 마주한 전망대가 보인다. 1819년에 호랑이 사냥을 하던 영국군 병사 존 스미스(John Smith)가 저 전망대 자리에서 아고라 강 건너의 굴속으로 호랑이가 사라지는 것을 보았다는 자리이다. 호랑이가 사라진 굴을 찾아보니 바로 오늘날 유명해진 아잔타 석굴이었고, 그 중에서도 가장 오래되었다는 제10호굴이었다는 것이다.

: 제10호굴의 맞은편에 있는 전망대
- 존 스미스가 호랑이를 지켜 본 자리

굴 앞의 안내판을 살펴본 후 신을 벗고 굴 안으로 들어섰다. 제10호굴은 기원전 100년경에 조성된 차이트야 굴이며, 목조건축의 영향을 강하게 남긴 중후한 예배당이다. 바로 정면에 가장 먼저 조성되었다는 사리탑이 단아한 모습으로 가장 안쪽 중앙에 위치하고 있다. 양쪽으로 기둥이 서 있는 것이라든지 사리탑의 모양 및 천정 등의 전체적인 구조는 바로 앞에서 살펴본 제9굴과 비슷하다. 그럴 수밖에 없는 것이 제10호굴을 조성한 후 바로 이어서 조성한 것이 제9호굴이기 때문이다.

CAVE NO. 10

This is earliest chaityagriha *(30.5 X 12.2 m)* at Ajanta, belonging to Hinayana Sect of Buddhism. On the basis of inscriptions the cave was excavated by the gifts made by *Vasisthiputra Katahadi, Kanahaka of Bahada, monk Dharmadeva* while the paintings were by various devotees.

The predominantly wooden architecture and the paleographical evidence date this cave to circa 2 nd century B.C. The chaitya is apsidal on plan consisting a nave flanked by two aisles by a colonnade of thirty-nine pillars. The Stupa placed at the apsidal end, is the biggest at Ajanta and is plain and hemispherical in shape.

The importance of this cave lies in its preserving the early specimens of Indian paintings. The *paintings* belong to two different periods; *the earlier dated to 2 nd century B. C. and the latter to 4 th century A. D.* The plain octagonal pillars, ceilings and walls are painted with Buddhist themes, designs, and Jatakas, but nothing substantial has survived.

: 제10호굴 앞에 있는 설명석에는 범어와 영어로 설명이 되어 있다

: 가장 먼저 조성되었다는 제10호 굴의 내부
- 중앙이 사리탑

: 아잔타 최초의 예배당이라는 상징적인 제10호굴에서
처음 예불을 올린다

가사를 수한 후 여행용 향로를 꺼내 침향을 피워 올리고, 보온병에 준비한 보이차를 찻잔에 부어 탑전에 올렸다. 목탁을 울리며 대중과 더불어 예불을 올리니 마치 천상에서 범음(梵音)이 내려오는 듯하다. 이어 반야심경을 봉독하고 석가모니불 정근을 한 뒤에 축원을 올렸다. 공양 올렸던 차를 한 모금씩 나눠 마신 후 비로소 천정과 벽면 그리고 기둥의 불화를 살핀다. 이 10호굴 측벽의 벽화는 기원 전후에까지 거슬러 올라가는 불교회화 최고의 작품이다. 비교적 정확한 형태를 보이는 것이 많긴 하지만 떨어져 나간 부분이 있고 또 낙서나 검게 그을린 부분들이 있어서 안타깝게 한다. 벽화는 처음 석굴이 조성되고 시간이 흐른 뒤에 조성되었을 것으로 본다.

: 지극하게 예불을 올리는 대중은 이미
부처님을 만나 뵙고 있다

: 돌기둥에는 다양한 부처님의
　모습이 그려져 있다

: 금방이라도 움직일 것 같은
　기둥의 부처님들

: 하얀색의 가사를 수하고 있는
　부처님의 모습

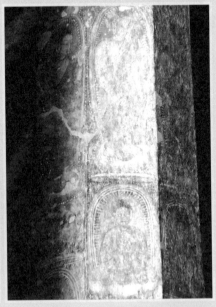

: 기둥의 각 면에는 각기 다른
　부처님을 조성했다

: 측면벽의 불화는 많은 부분이 훼손되어   : 설법하시는 부처님의 모습이
안타깝게 한다   잘 보전되었다면 얼마나 좋았을까?

: 너무나 당당하신 모습의   : 자비로움이 충만한
부처님을 보라   부처님의 모습

벽면을 보니 대체로 붉은 색을 많이 사용하였고 앉은 모양의 부처님인 좌불상(坐佛像)을 많이 그렸는데, 기둥의 불화는 흰색과 붉은색을 골고루 사용하였고 서 계시는 부처님인 입불상(立佛像)을 많이 그렸다. 서 계시는 부처님은 대단히 역동적이다. 어디로 가시는 길일까? 지금 누구를 만나 무슨 말씀을 하시는 것일까?

: 일부만 남아 있어서 정확한 모습을 알 수가 없다

: 기둥의 많은 불화는 다채로운 모습으로 조성되었다

: 벽면과 돌기둥의 불화가 온전히 보존되었다면 얼마나 장엄했을까?

조용히 눈을 감고 2천년의 세월을 거슬러 올라간다. 웅혼한 사리탑과 장엄한 불화로 가득한 예배당에 스님들이 범어로 예배를 올린다. 맑은 바람을 타고 법당에 가득한 향은 극락정토로 이어지고, 비구들의 얼굴에 깊은 신심과 법열의 환희가 갠지스 강물처럼 흐른다. 어느 덧 나도 그 비구들 속의 한 사람이 된다.

: 제10호굴의 입구는 시원스럽다. 그래서
빛이 잘 들어온다

15

아잔타 제16굴에서 마지막까지

기둥과 벽면의 불화를 촬영하느라 시간을 좀 지체하고 나오니 대중은 이미 저만치 사라지고 없다. 제11굴의 부처님께 잠시 예를 올렸다. 그리고는 몇 굴을 건너뛰어 제16굴에 이르렀다. 안으로 들어서니 위엄이 당당하신 부처님께서 의자에 걸터앉은 채 설법을 하신다. 옆모습을 보니 금방이라도 일어서실 듯하다. 벽화는 거의 훼손되고 아주 일부분만 남아 있는데, 그중에 난다부인의 벽화는 유

: 아잔타 제11굴의 내부와 본존불

명하다. 부처님의 동생 난다가 출가하자 부부의 사랑이 가장 절절했다는 경전의
기록을 반영하듯이 슬픔에 젖은 난다부인의 모습이 잘 나타나 있다.

: 제16굴의 본존과 일부 남아 있는 벽화의 모습

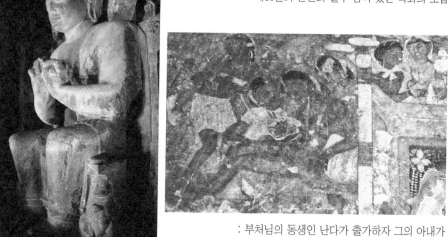

: 부처님의 동생인 난다가 출가하자 그의 아내가
슬픔에 젖어 쓰러져 있다

: 제16굴의 본존을 옆에서 뵌 모습
  - 금방이라도 일어서실 듯

다음의 제17굴에 이르면 입구에서부터
장엄한 벽화와 천장화가 시선을 압도한다.
제17굴은 부처님의 일생을 묘사한 것으로
보인다. 화려한 궁중생활을 하던 태자시절
도 보이고, 어린 시절의 모습인지는 모르
나 닭싸움하는 장면도 있다. 이윽고 출가
하여 도를 이루시고는 다시 카필라에 돌아
오신 모습도 보이는데, 야소다라와 라훌라
가 부처님을 뵙고 있는 모습을 보면 마치
그 현장에 있는 것 같은 느낌이 든다.

: 출가 전의 화려한 궁중생활을
묘사한 듯

: 제17굴 입구의 벽면과 천장의 다채롭고 장엄한 불화

어슴푸레한 빛 속에 모습을 드러내신 부처님은 좌우보처의 보살을 비롯한 대중들에게 에워싸여 있는데, 일체중생의 무명을 깨뜨리는 사자후를 토하시는 듯하다. 그래, 바로 이 모습이 법왕이라는 표현에 적합할 것이다. 천장을 보니 마치 꽃비라도 휘날리듯 기화요초의 문양이 가득하다.

: 태자의 어린 시절 모습인가?
- 닭싸움하는 벽화

: 카필라에 오신 부처님을 뵙는
야소다라와 라훌라

: 제17굴의 천장을 가득 채운 기화요초 문양

: 아잔타 제19굴의 사리탑과 전면의 입불상

아쉬움을 뒤로 하고 제19굴로 향했다. 이 굴은 세계적으로 유명한 차이트야 굴법당, 즉 예배당이다. 안쪽 중앙의 사리탑은 삼층의 형태를 갖추었고, 탑의 전면에는 부조로 입불상이 모셔졌다. 제10굴의 사리탑에 비하면 엄청난 변화를 보이고 있으며, 각각의 석주나 벽면의 조각들도 말할 수 없이 다채롭다. 또 입구에는 특이하게도 뱀의 신 나가와 그의 아내를 조각해 놓았다. 아마도 찬찬히 각 부분을 촬영한다면 가히 책 한권은 될 듯하다.

: 제19굴 입구의 조각 - 뱀의 신 나가와 그의 아내

인도청년 여행사직원이 불안한 눈빛으로 나를 보는 것은 아마도 대중들과 한참 떨어졌음을 알리고 싶어서일 것이다. 할 수 없이 제21굴과 제22굴 그리고 제24굴을 한 두 컷씩 찍고는 제26굴에 이르렀다.

: 아잔타 제21굴의 본존인 삼존불

: 아잔타 제22굴의 내부 모습　　　　아잔타 제24굴의 내부는 좀 황량하다

제26굴에 들어서는 순간 나도 모르게 걸음을 멈추었다. 폭풍처럼 밀려드는 감동에 숨이 막혔다. 예배당의 외형은 제19굴과 비슷한 듯 했으나 자세히 보니 전혀

: 아잔타 제26굴 사리탑과 전면의 의자에 앉으신 부처님

다른 분위기였다. 스투파는 보다 정돈된 듯하고 의자에 앉으신 부처님께서 탑의 전면에 두드러지게 조각되어 있다. 부처님의 고동모양 머리칼(나발)은 바람이 불면 흔들릴 듯하고, 눈가에는 금방이라도 물기가 돌 듯하다. 오가는 사람들 틈에서 엎드려 예를 드리니, 손을 내밀어 등을 어루만지시며, "일어나라 비구여!" 나직이 말씀하신다. 한동안 호흡을 멈추고 연화좌위 부처님의 발에 이마를 대고 있다가 눈을 드니, 부처님께서 2,500년 전의 그 미소를 띠고 계셨다. 이처럼 멋진 분을 또 어디에서 뵐 수 있으랴.

: 사리탑 전면에 모셔진 부처님
- 살아계신 듯하다

: 제26굴 왼쪽 벽면의 열반상 - 얼굴 쪽에서 촬영한 것

: 발 쪽에서 찍은 열반상 - 너무 장대하여 정면에서는 전체를 찍을 수 없음

: 제26굴 벽면 - 설법하시는 부처님과 청중 - 이런 조각들로 가득하다

많은 기둥으로 구분된 회랑으로 발길을 옮기니 또 한 번 숨을 멎게 하는 부처님 모습이 나타났다. 벽면에 모셔진 장대한 열반상이다. 이곳의 열반상이 수많은 열반상 중에서도 세계 최고 걸작으로 꼽힌다고 했던가. 무수한 제자들이 입적한 부처님 앞에서 오열하고, 늘 부처님 곁에서 시봉한 아난다는 어쩔 줄 몰라 하고 있다. 아! 그 모습을 뵈옵고 있으니 가슴이 먹먹해진다. 내 몸은 거기 멈춰 서 있고, 내 맘에는 갠지스 강이 굽이치며 흐른다. 얼마를 그렇게 있었던가. 가이드가 조용히 내 팔을 잡아끌었다.

나머지 석굴들을 참배하고 돌아보니 대중들의 얼굴이 환희심으로 충만해 있다. 모두가 제각기 그리운 임을 만났으리라. 아잔타! 차마 떨어지지 않는 발걸음을 옮기며 돌아보고 또 돌아본다.

: 마지막 굴 쪽에서 돌아본 아잔타의 전경 - 왼쪽에 대중이 기념촬영 중

16
부사발역을 거쳐 보팔로

아잔타 소형버스 종점의 작은 관광식당에서 점심공양을 시작한 시각이 12시 38분이다. 아잔타에서 한 생을 보낸 것 같은데, 기껏 한나절을 보낸 것이다. 뭐, 그러나 시계상에서 흐른 시간이야 상관하지 않아도 좋을 것이다. 대중들의 얼굴을 살피니 모두들 한생을 지나온 듯하다.

인도여행사 사장 핀두(사람들은 뻰뚜, 뻰투라고도 부름)의 요리공력에 힘입어 아주 맛있는 점심을 공양했다. 한국인 아내와 사는 핀두는 한국식 요리솜씨가 보통이 넘는다. 한때 인도에서 한식당을 했다고 하니 그 솜씨를 알 만하지 않은가. 수완도 좋아서 어느 식당이든지 치고 들어가서 우리 입맛에 맞는 요리 두어 가지를 뚝딱 해 내오곤 했다.

작은 버스와 큰 관광버스를 번갈아 신세진 후 부사발역에 도착한 시각이 14시 33분이다. 이제 특급열차를 타고 보팔을 거쳐 다음 목적지인 산치로 가야한다.

부사발역은 아주 조용하고 작은 역이다. 역사(驛舍)는 아담하고 깔끔했으며, 역사 앞에는 옛날 증기기관차가 전시되어 있었다. 붉은 상의를 입은 짐꾼들의 도움으로 육교를 건너며 주위를 살펴보니, 주차장에는 엄청난 숫자의 오토바이가 꽉 찼다. 역의 플랫폼에서 한 무리의 사람들이 빨래도 하고 샤워도 하기에 물어봤더니 일거리를 찾아 떠도는 유랑민 무리였다. 팬티만 입고 샤워를 하던 청년이 카메라를 향해 활짝 웃어준다.

: 아잔타 입구의 작은 식당에서
감동으로 점심공양을 하다

: 부사발역의 아담하고 깨끗하게 보이는
역사(驛舍)

: 부사발역 앞에 전시되어 있는 옛날의 증기기관차
- 그 앞 삼발이차

: 인도정부에서 인정해 준다는 짐꾼들이
우리의 짐을 옮기려 하고 있다

: 역의 육교에서 본 부사발역의 주차장엔
오토바이만 가득하다

: 샤워를 하던 유랑민 청년이 카메라를
향해 활짝 웃었다

: 역의 플랫폼에는 유랑민들이 자리를 잡고 살고 있었다
- 이게 인도인가?

: 뜨거운 침목 위로 염소 한 마리가
어슬렁거리며 돌아다닌다

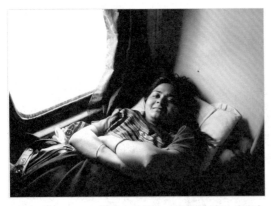

: 침대칸에 먼저 타고 있던 인도 여인이
사진촬영을 허락했다

15시 10분 출발 예정이던 기차는 연착이다. 이렇게 되면 언제 들어올지 모른다. 20여 분이 지나자 대중들이 플랫폼에 퍼질러 앉는다. 인도에 오면 누구나 자연스럽게 하는 행동이다. 침목 위로는 염소가 어디에서 왔는지 한가로이 노닐고 있다. 철로를 사이에 두고 건너편의 유랑민이나 우리나 행색이 별반 다를 것이 없다.

참으로 다행스럽게 35분 후에 기차가 들어왔다. 침대칸으로 가방을 옮겨 정리하느라 부산을 떤 뒤 각자 침대로 들어갔다. 건너편 침대칸에 먼저 타고 있던 인도 여인에게 카메라를 가리켰더니 고개를 끄덕이기에 한 컷 찍었다. 잠시 쉬고 있으니 노을이 창을 물들이기에 카메라를 들고 출입구로 갔다. 창이 지저분해서 도저히 사진을 찍을 수 없기 때문이다. 시계가 17

시 반을 향하자 해가 빠르게 산으로 숨어든다. 그 순간 새 두 마리가 사이좋게 나는 모습이 카메라에 포착되었다. 행운이다.

: 해가 지는 하늘가에 새 두 마리가 마치 한 마리인 듯 날고 있다

어둠을 뚫고 기차는 계속 동쪽으로 내달았다. 중간에 한 번인가 정차했었나 보다. 차를 마시며 책을 좀 읽었는가 싶은데 내릴 준비를 하란다. 그새 6시간 가까이 흘러 21시 50분경이었다. 보팔역은 생각보다 복잡했다. 그러나 너무 어두워 역의 모습은 파악하기 어려웠다. 대기한 버스를 타고 누얼어싸바(NOOR US SABHA) 호텔에 도착한 시각이 22시 반경이다. 호텔에는 결혼식이 진행 중이라 화려한 조명으로 장식되었고, 정원에는 파티 인원이 많았다.

: 보팔역에 내리니 머리 위의 시계가 21시 56분을 가리키고 있었다

: 누얼어싸바(NOOR US SABHA)호텔에 도착한
밤 10시반경에도 결혼식이 계속됨

: 누얼어싸바(NOOR US SABHA)호텔
방 앞의 복도에서 본 건물 중간의 정원 모습

: 호텔 현관쪽에서 본 정원에는 결혼식의 파티가
이어지고 있다

: 호텔의 현관 앞에 분위기를 잡고 있는
전시용 옛날 마차

: 누얼어싸바(NOOR US SABHA)호텔
- 밤중까지도 계속되는 정원의 가든 파티

: 호텔의 문 쪽에서 본 호텔의 야경이
이국적 분위기를 느끼게 한다

: 물에 비친 호텔의 모습을 보면서 다른 사람   : 도시의 야경을 배경 삼아 언덕 위의 호텔이
　　눈에 비칠 내 모습을 생각하다　　　　　　　　　성처럼 서 있다

　20여분 후 식당에 준비된 저녁공양을 하고는 방에 들었다. 우이사와 내일의 여정에 대한 얘기를 나눈 후 혼자 카메라를 들고 야간 촬영에 나섰다.

　호텔 로비는 나름대로 신경을 쓴 느낌이 들었다. 꽤 높은 언덕 위에 위치한 이 특급호텔은 사방으로 도시를 내려다 볼 수 있었지만, 도시는 평범한 불빛만 보여

주고 있었다. 산책하듯이
사방을 둘러보다가 물에
비친 호텔의 모습 등을 찍
고는 방으로 돌아왔다. 시
계는 01시 10분을 가리키
고 있다.

: 누얼어싸바(NOOR US SABHA)호텔 로비에서
　　　　현관 쪽을 살펴본 모습

17

산치대탑에 이르다

커튼을 치지 않아서인지 동이 튼 것으로 착각하여 밖을 보니 호텔의 조명이다. 시계를 보니 03시 반이다. 느긋하게 반신욕을 즐긴 후 침향과 차로 몸을 맑혔다. 정좌하여 부처님의 생애를 회상하는 것으로 예불을 대신하고, 보팔의 역사를 잠시 살펴보았다.

보팔은 라자 보즈(1010~53)에 의해 보자팔(Bhojapal)이라는 이름으로 시작되었고, 18세기 초 보팔왕국을 세운 도스트 모하메드 칸에 의해 오늘과 같은 도시형태의 기초가 이루어졌다. 1949년 인도연방에 가입하였고, 1956년 마디아프라데시주의 주도(州都)가 되었다. 보팔은 철도와 상공업의 중심지로 델리와 뭄바이간의 철도교차점이다. 목화와 곡류 등의 집산가공이 활발하고 면공업, 제분업, 보석류 세공, 발전기, 성냥, 운동기구 등의 제조업이 이루어지는 공업도시라고 할수 있다.

1984년 보팔을 세계에 널리 알린 비극적 사건이 있었다. 구시가지 북서쪽의 공업지구에 있던 미국 유니언카바이드사의 인도 공장에서 화학물질을 저장한 탱크가 터지는 사고가 발생하였다. 이 화학물질은 농약제조의 원료로 사용되는 메틸이소시안이라는 유독가스로, 2시간 동안 약 36톤이 누출되었다. 가스는 공장주변의 인구밀집지역을 덮쳤다. 이 가스는 공기보다 무겁기 때문에 안개처럼 지면 가까이에 머물게 되었고, 인체에 치명적이었기에 사고 당일 2,800여 명의 인근 주민이 사망하였다. 또한 이 사고로 20만 명 이상의 피해자가 생겨났으며, 자연생태계까지 크게 훼손되었다. 생존자의 대부분도 실명이나 호흡기 장애를 일으켰으며, 중추신경계와 면역체계의 이상으로 평생 고통받으며 살게 되었다. 이 물질은 유전자에 변화를 유발하기 때문에 앞으로 이곳에서는 암환자가 크게 늘어나고 많은 기형아가 태어날 것으로 예상된다고 했다.

향 한 대를 다시 피우고 잠시 희생자를 위해 기도를 올렸다.

카메라를 들고 방을 나선 시각이 05시경이다. 보팔의 참사를 생각하느라 약간 우울해졌던 내 기분을 호텔 로비 바닥의 연꽃 도형이 밝게 만들어 준다.

: 누얼어싸바 호텔의 로비 바닥에 있는 연꽃 문양에 기분이 좋아졌다

하늘에는 둥근 달이 나무 위에 떠 있었고, 시가지 건너편으로 호수가 보였다. 이 보팔(Bhopal)에는 두 개의 호수가 있다. 그 호수를 경계로 신,구시가지가 구분된 다고 하는데, 직접 눈으로 확인할 시간은 없을 것 같다. 높은 언덕에 위치한 호텔 이기에 주변을 한 바퀴 돌면서 어슴푸레한 시가지를 둘러본 후, 호수를 보면서 일 출을 기다렸다. 부지런을 떠는 관광객 몇이 카메라를 들고 서성이는 모습이 들어 왔다. 이윽고 나무 사이로 붉게 하늘을 물들이며 해가 솟았다. 날씨가 좋아서 멋 진 일출이었다.

: 호텔 정원의 나무 위로 새벽의 달이
밝은 모습을 보였다

: 밝아지기 시작하면서 모습을 드러내는
보팔의 시가지

: 호텔에서 보이는 보팔 시가지 너머로
호수가 펼쳐져 있다

: 이윽고 호텔 정원의 동쪽 나무 사이로
붉은 해가 솟아 올랐다

07시 10분, 산치대탑을 참배하기 위해 버스를 타고 출발했다. 넓은 평원을 가로지르는 낡은 포장도로를 1시간 반 가까이 달리니 이윽고 아침 안개 속에 언덕 위의 산치대탑이 나타났다. 입장권을 사서 입구를 향해 걸어 올라가니 가슴이 점점 쿵쾅거리기 시작했다. 얼마나 오랫동안 산치라는 이름을 들었던가. 불교에 입문

: 한 시간 반 정도 평원을 달리니
언덕 위에 탑이 나타났다

: 산치 유적지에 들어가기 위한
입장권을 사고 있는 여행사 직원

: 매표소에서 한참을 걸어야 나타나는
산치 유적지의 정문

한 후 불탑을 공부하면서부터 듣기 시작했었고, 또한 사진을 통해 보아왔던 산치
대탑인 것이다. 몇 분 정도인가를 걸어서 입구를 들어서니 세계문화유산임을 알
리는 돌비석이 보였고, 그 너머로 발우를 엎어놓은 모양의 복발탑(覆鉢塔)이 우
뚝 서 있었다.

: 정문을 통과하면 세계문화유산임을 알리는
표지석이 있다

: 정문의 왼쪽(유적지의 북쪽)에 있는
관리사무소

: 관리인들이 아침 정리를 하는 듯
- 호스로 잔디에 물을 주고 있다

아마도 우리가 첫 순례객인가 보다. 관리인들이 호스로 잔디밭에 물을 뿌리고 있다. 관리사무소 앞을 지나 해우소를 향해 가다 보니 노인네가 쭈그리고 앉아 쉬다가 보일 듯 말 듯 미소를 지었다. 해우소를 나오면서 보니 제3탑과 제1탑(대탑)이 한눈에 들어온다. 탑을 향해 가는 길에 다람쥐 한 마리가 마중 나왔다. 그 곁에

: 해우소로 가는 길에 만난 노인이
  보일 듯 말 듯 미소를 지었다

: 관리사무소 쪽에서 탑을 보다
- 제3탑이고 뒤가 제1탑(대탑)

: 다람쥐가 마중이라도 나온 듯
  날 반겨 주었다

오래 비바람을 맞았을 석상의 미녀가 나를
보고 웃는다. 탑 주위에 있던 사원들은 모두
기단부만 남아 있기에 유독 제1탑과 제3탑
만 우뚝해 보인다.

: 이 여인은 누구일까? 언제부터 나를
기다린 것일까?

: 제1탑과 제3탑을 제외하고는 사원의 대부분이
기단부만 남아 있다

18

산치대탑의 인연이야기

대중들이 다 모이자 유적지 정문을 마주하고 있는 제1탑의 북문 앞에 예불과 기도를 올릴 자리를 잡았다. 돌길 위에 찻잔과 향로의 케이스를 놓고, 그 위에 침향을 꽂고 차를 올렸다.

: 땅 위라도 차와 향을 올리면 바로 불단이 된다

돌길 위에 목탁을 들고 먼저 삼배를 올린 후 예불을 드린다. '지심귀명례 삼계도사 사생자부 시아본사 석가모니불' 대중들의 목소리는 크게 떨리고 있었다. 대탑은 서쪽으로 길게 그림자를 드리운 채 보석처럼 빛나고 있었다. 예불하는 우리의 왼쪽에 큰 나무들이 있어서 부처님의 자비로운 손길처럼 그림자를 드리워 주었다.

석존께서는 80세에 이르자 당신의 열반을 생각하시며 카필라로 발걸음을 향하

: 세상의 어느 곳이건 예불을 올리면 곧 그곳이 부처님께서 계신 곳이다

셨다. 여러 경전에서 스스로 설명하셨듯이 부처님의 육신은 너무 낡아 해체 직전의 수레처럼 삐걱거리고 있었다. 부처님의 열반을 짐작한 제자들도 하나 둘 합류하기 시작했다. 우여곡절 끝에 쿠시나가라의 숲에 이르신 부처님께서는 그곳을

: 부처님의 자비처럼 나무의 그림자가 등을 어루만졌다

여행의 마지막 지점으로 정하시고는 열반에 드셨다. 부처님의 임종을 열반이라고 하는 까닭은 단순히 육체의 끝이 아니라 일체 모든 괴로움의 종식을 의미하기 때문이다. 다른 말로는 생사의 초월이라는 뜻이다.

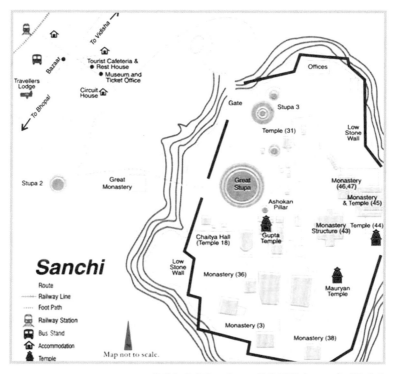

: 산치유적지의 조감도 - 위의 중앙의 gate가 정문이다

: 정문에서 본 제1탑(우)과 제3탑(좌) - 두 탑은 약 45m쯤 떨어져 있다

부처님께서는 사후의 문제에 대한 질문을 받으시고는 재가불자들이 알아서 하도록 가만 지켜보라고 담담하게 말씀하셨다. 그래서 결국 재가불자들의 주도하에 다비식이 끝난 뒤 사리는 8등분이 되어 근본8대탑이 세워지게 되었던 것이다. 그리고 몇백 년이 흘렀다.

근본8대탑에 변화가 생긴 것은 아소카왕 때였다. 아소카는 기원전 268년에 왕위에 올라 36년간 재위하면서 전 인도를 통일시켰는데, 정복 전쟁을 하는 동안 수없이 많은 사람이 죽는 참상을 보고는 크게 뉘우쳐 불교에 귀의하게 된다. 그는 결국 무력이 아닌 다르마(부처님의 법)에 의한 통치를 발원하게 되었고, 곳곳에 칙령을 새긴 석주(pilla)를 세웠다. 왕은 부처님의 행적을 따라 성지를 순례하였으며, 부처님의 유골이 봉안된 8대탑을 참배하였다. 탑을 참배한 감동을 모든 사람에게도 체험시키고 부처님의 가르침을 따르게 하고자 왕은 7대탑을 해체하여 전

: 북문 쪽에서 본 제1탑 – 탑문이 솟아 있고
난순(울타리)이 둘러친 뒤로 탑신이 보인다

인도에 8만 4천의 탑을 세우게 하였다. 바로 이때 산치에도 부처님의 사리탑이 세워졌다.

예불과 반야심경 독경에 이어 석가모니불 정근을 한 후 축원을 올렸다. 의식을 끝내고 다시 대탑을 보는 순간 문득 한 가지 의문이 생겼다. 아소카왕은 왜 이 외진 곳에 탑을 세웠을까? 전해오는 얘기라며 가이드가 설명한 내용으로는 아소카의 왕비들 중에 아주 사랑하는 왕비의 고향이 이곳이었다고 한다. 그 왕비를 위하는 마음을 표현하려고 이곳 언덕에 아주 멋진 부처님의 사리탑을 세웠다고 한다.
　지금 보고 있는 산치대탑은 아소카왕에 의해 세워진 그 모습은 아니다. 기원전 3세기에 세운 원래의 탑은 훨씬 작은 모습이었는데, 마우리아왕조를 이은 숭가왕조(기원전185~기원전78)시대에 키웠다고 한다. 산치는 바로 숭가왕조의 수도였던 비디샤(Vidiśā) 근처에 있었고, 숭가왕조는 아쇼카왕이 세운 탑을 가운데에 두고 더 큰 형태의 탑으로 변형시켰으며, 그 후 굽타왕조를 거치고 다시 12세기에 이르도록 계속 확장되어 큰 사원을 이루었다고 한다.

: 제1탑의 서쪽 언덕 아래에
큰 사원이 있었던 기단이 있다

: 제1탑 서쪽 언덕 아래 사원터를 지나면 그 아래 제2탑이 있다

현재의 산치 유적은 약 90m 높이의 언덕 위에 제1탑인 대탑과 제3탑이 온전히 남아 있고, 기원전 3세기부터 기원후 11~12세기에 걸쳐 제작된 많은 불탑과 사당, 승원(僧院, vihāra)의 흔적이 보존되어 있다. 그리고 제2탑은 서편의 언덕 아래에 대사원이 있던 자리를 지나서 동떨어져 있다. 어쨌거나 산치는 불교미술의 보고이다. 우리나라 석탑의 기원을 설명할 때 언제나 이 산치의 탑이 등장하는 것만 보아도 불교미술에서의 산치유적의 위상을 짐작할 수 있다.

: 돌로 된 난순(울타리)안에서 본 북문의 모습

산치대탑의 외형적 형태는 사
진에서 확인할 수 있는 바와 같
이 봉분(封墳, anda)을 기단(基
壇, medhi)위에 올려놓고, 봉분
의 꼭대기에는 옛날에 귀인들
에게 우산을 받쳐 드렸던 습관
이 있어서 사암(沙岩) 세 판으
로 만든 산개(傘蓋, chatravali -
우산 모양으로 둥글게 있는 것)를 윤
간(輪竿 - 탑 꼭대기에 수직으로 있

: 오른쪽의 난순(울타리)은 돌로 되었고,
왼쪽의 탑은 벽돌로 되었다

는 기둥 모양)을 중심으로 꽂아 놓는다. 기단 주변으로는 난간을 둘러쳐서 성역(聖
域)임을 표시하는데, 전문용어로는 난순(欄楯,베디카 vedikā - 불교의 스투파와 같은
성역을 둘러싸는 울타리)이라고 한다. 이 난순(欄楯)에는 동서남북의 네 문을 설치하
였는데, 이를 탑문(塔門,토라나 torana - 불교 스투파의 사방에 나 있는 문)이라고 한다.

: 탑문 기둥의 부조에 사리탑을 봉안한 기쁨을
표현하였다

: 탑문 기둥 부분의 발자국은
부처님을 상징한다

: 탑문 상단부의 조각들 - 보리수는
부처님을 상징한다

: 탑문 가장 위쪽의 가로지르는 돌에는
연화문양이 새겨져 있다

: 탑문 상단부의 다양한 조각들은 부처님의
전생과 현생을 표현하고 있다

: 가장 아래가 난순(울타리), 중간은 기단과
통로의 난간, 그 위는 탑의 몸체

: 제1탑의 몸체 위에 있는 조형물들
　- 이를 상륜부라고 부른다

: 몸체 위의 사면체 구조는 우리나라 석탑의
　평두에 해당한다고 볼 수 있다

: 탑의 가장 위쪽 - 둥근 부분을 산개라 하고
　기둥 부분을 윤간(輪竿)이라고 함

19

산치유적의 이모저모

예배와 기도를 끝낸 뒤 가이드의 설명이 시작되었다. 나는 대중들과 떨어져 우선 제1탑의 탑돌이를 하기로 했다. 제1탑은 직경이 36m 정도이고 높이가 17m 쯤 된다. 그러니 가까이 다가서면 그냥 압도당한다.

우선 탑의 울타리 밖을 한 바퀴 돌기로 했다. 원형의 울타리는 무늬 없는 석재로 가로와 세로의 단순한 조합을 이루고 있으니 특별히 주의를 기울일 필요까지는 없지만, 탑문에는 뛰어난 조각들이 가득하니 자연히 멈춰 서게 된다. 제1탑에는 사방에 10m 정도 높이의 탑문이 온전히 남아 있다. 학자들의 연구에 따르면 남문, 북문, 동문, 서문의 순서로 세워졌다고 한다. 탑문은 두 개의 기둥이 높이 섰고, 양쪽 기둥을 연결하는 횡량(橫樑 - 가로대들보)이 세 개가 있다. 그 기둥과 횡량(橫樑)에는 부처님의 전생이야기에서부터 열반 이후의 이야기를 새겼다. 자세히 살펴보면 동식물의 장식문양, 민간 신앙의 신들인 수호신, 상징적 도상, 불교설화 등이 다양하게 베풀어져 있다.

: 북문 - 마야부인이 코끼리가 들어오는 태몽을 꾸는 모습이
조각되어 있음

: 북문 - 보리수를 향해 합장한 대중들
- 설법을 듣는 것으로 볼 수 있음

: 북문 왼쪽 횡량 아래의 약시상
- 지모신(地母神)으로 신봉됨

먼저 바로 앞에 있는 북문을 살폈다. 북문의 조각에는 마야부인께서 코끼리 태몽을 꾸는 장면도 있고, 부처님의 설법을 듣는 장면도 있으며, 그 외 많은 얘기를 새겨 놓았다. 대들보의 끝에는 마치 이 사리탑을 수호하려는 듯 사자 네 마리가 용맹스런 모습으로 바깥쪽을 응시하고 있다. 기둥의 중간에는 코끼리가 대들보를 받치고 있으며, 그 옆에는 약시(Yakshi)상이 있다. 이 약시상은 지모신(地母神)으로 민간신앙에서 집이나 토지의 수호신으로 모시는 신이다. 불교가 민간인들의 기존신앙을 흡수하여 정법으로 인도하기 위해 방편으로 들여온 것이리라.

천천히 발길을 옮겨 동문으로 갔다. 동문의 가장 위 횡량의 조각에는 사리탑이 다섯 군데나 보이고 있으며, 부처님을 상징하는 보리수를 향해 공양 올리는 수많은 대중들이 보인다. 이 동문의 두 기둥에도 코끼리가 위의 횡량(橫樑) 세 개를 받

: 제1탑의 동문 - 가장 위의 횡량에는 사리탑이
다섯 개나 보인다

치고 있으며, 그 곁에 약시상이 있다. 북문의 약시상은 안쪽을 향하고 있는 방면에 이 동문의 약시상은 바깥쪽을 향하고 있는데, 일반인들에게는 이 동문의 약시상이 잘 알려져 있다. 그 육감적 모습은 인도 조각의 특성을 잘 보여주는 대표적 작품으로 손꼽히는 것이기도 하다.

: 동문은 바로 이 약시상으로 더 유명하다
- 오른쪽 횡량 아래

이어 발길이 남문 앞에 섰다. 이 남문은 가장 먼저 세워진 것으로 추정된다. 특히 이 남문의 첫 번째 횡량(橫樑)의 뒷면에 새겨진 명문(銘文)에 의해 제1탑의 부조 조각들이 1세기 초에 건립된 것으로 추정되기도 한다. 이 시기는 바로 숭가시대로, 인도의 조형미술이 꽃핀 시기로 알려져 있다. 어쩌면 부처님을 그리워하던 사람들의 열망에 의해 조형미술이 꽃핀 것이라고 봐도 좋을 듯하다. 그것은 이 탑문의 조각 앞에 섰을 때의 가슴 가득 밀려오는 황홀감이 이를 증명해 준다.

이 남문의 중간 횡량에는 사리탑을 세운 뒤의 광경이 묘사되어 있고. 상하의 횡량에는 전생의 얘기를 펼쳐 놓은 듯하다. 양 기둥에는 각각 세 마리 사자가 위의 횡량을 받치고 있는데, 아마도 아소카왕이 세운 석주 위의 사자상에서 영감을 받은 것이리라.

: 제1탑의 네 탑문 중에서 가장 먼저 세워진
것으로 보는 남문

: 서문을 탑의 요도에서 본 모습 - 저 멀리 언덕 아래
사원의 터가 보인다

다음으로 그늘을 드리운 서문에 이르렀다. 서문의 기둥에는 동물이 아닌 난쟁이 사람형상인 약샤(Yakṣa - 야차夜叉로 한역) 넷이 횡량을 받치고 있으며, 유난히 사리탑이 많이 보이고 있다. 뿐만 아니라 상상의 동물을 타고 있는 사람을 비롯해서 법륜을 향해 합장하고 있는 사람들의 모습도 보인다.

한 바퀴를 돌아 북문에 이르러 문안으로 들어가니 부처님이 모셔져 있었다. 불상은 오랜 세월에 손과 발 부분이 많이 훼손되었다. 그래도 선정에 잠긴

: 서문 기둥에 횡량을 받치고 있는
약샤상(야차)

: 서문에 있는 사리탑 중의 하나

: 문 안으로 들어가야 친견할 수 있는
석존의 선정상

: 서문의 부조 - 부처님을 상징하는
법륜을 향해 합장한 사람들

얼굴부분은 온전하여 그 표정을 보는 이로 하여금 적정의 세계로 인도한다. 이어 계단을 따라 기단과 탑신이 접하는 부분에 있는 요도(繞道 - 둘레를 도는 길)로 올랐다. 혼자 걷는 요도는 부처님의 열반만큼이나 고요하다. 아마도 수많은 순례자가 이 요도(繞道)를 돌며 부처님을 그리워했으리라. 가만 가만 요도를 따라가다 보니 그 옛날 왜 불탑신앙이 일어났는지를 이해할 것 같았다. 그곳은 마치 부처님의 품과도 같았으며, 부처님의 선정과도 같았다. 누구라도 이 요도를 돌다 보면 세상의 모든 번잡함을 다 내려놓고 고요함 속으로 돌아가 평화로워 질 것이다.

요도를 한 바퀴 돈 후에 탑에서 내려와 이번에는 주위를 살피며 다시 한번 탑돌이를 한다. 동쪽으로는 몇 군데 큰 사원의 터를 비롯해 작은 스투파의 하단들이 옹기종기 있다. 동문과 남문의 사이에는 아소카의 석주가 있으나 네 마리 사자상으로 되었다는 석주 상단의 조각상은 박물관에 옮겨져서 현장에는 없으며, 남문 앞에는 파르테논 신전을 연상시키는 예배당(차이트야)의 기둥들이 서 있다.

: 탑의 기단과 탑신 사이에 예배할 수 있는
요도가 있다 - 고요적정하다

옛날 이곳에서 탑을 향해 예배하였던가 보다. 서문 앞에는 잔디밭이 펼쳐져 있고, 좀 더 나아가면 언덕 아래에 큰 사원의 터가 있다. 북문을 향하면 정문과 관리소가 보이며, 약간 북동쪽으로는 제3탑이 있다.

제3탑은 대탑에서 약 45m 지점에 위치하고 있다. 지름이 10m 정도이니 대탑에 비하면 아주 작다고 할 수 있다. 현재 울타리인 난순은 남아 있지 않으며 부조가 새겨진 남문이 남아 있다. 이 문에는 약샤들이 횡량을 받치고 있으며, 연화 등의 장식문양과 탑과 보리수에 공양하는 조각 외에 '인드라의 천국'이 표현되어 있다.

: 동문 앞에서 살펴본 유적 - 작은 스투파들은
스님들의 사리탑

: 동문과 남문 사이에 있는 아소카 석주
- 세우기 전의 보관 상태

: 남문 앞에서 탑을 향하고 있는
예배당의 기둥들

: 서문 앞 언덕 아래에 있는
대사원의 터

: 탑의 남문과 서문 사이에서 탑을 본 모습
- 제3탑과 관리소가 보인다

　영국의 고고학자인 알렉산더 커닝햄(Alexander Cunningham)이 1851년에 부처님의 상수제자인 사리불존자와 목련존자의 성스러운 유골을 발굴한 곳이 바로 이 제3탑이다. 두 분은 부처님께서 매우 아꼈던 제자였으나 부처님보다 먼저 입적했으며, 부처님께서는 너무나 애통해 하셨다고 전한다.

: 동문 앞쪽에 있는 대사원의 터
- 서쪽으로 대탑이 보인다

: 대탑의 북문 쪽에서 본 제3탑 - 꼭대기 산개 위에
새가 앉아 있다

산치의 언덕 위에서 스승 석가모니를 영원히 모시려는 듯 대탑을 가까이 모시고 있는 제3탑을 보면서 시공간을 초월한 부처님과 두 상수제자의 영원한 경지를 보는 듯하다. 그것을 증명이라도 해 보이려는 것이었을까? 탑 위에 남아 있는 하나의 산개 위에 새 한 마리가 앉아 있다.

: 제3탑에 유일하게 남아 있는 남문
- 기둥의 약샤 등을 볼 수 있다

20

타지마할의 도시 아그라로 가다

산치를 참배하길 두 시간 정도, 다음 일정 때문에 산치유적의 언덕을 떠나며 아래에 있는 마을과 끝없이 펼쳐져 있는 평원을 마지막으로 살펴보았다. 그 옛날 저 평원을 걸어 가로질러 오면서 순례자의 마음은 행복으로 충만해졌으리라. 지금 우리 대중들처럼.

산치를 떠나 보팔로 돌아오는 길은 근심 가득한 상황이 되었다. 갑작스런 사태로 버스가 급정거를 하였는데, 제일 뒤 좌석 가운데에 앉아 있던 보살이 통로로

: 산치유적에서 언덕 아래 마을과 평원을 본 광경

떨어진 것이다. 버스가 보팔의 호텔에 도착할 때까지 사고를 당한 보살은 움직일 수 없었고, 여행사 이사와 인도여행사 사장은 얼굴이 흙빛이 되었다. 여차하면 나머지 일정을 포기하고 귀국해야 될지도 모를 일이었다. 우선 병원 응급수송차를 불러 자세한 진찰을 받으러 보내고는 대중들은 점심공양을 하게 했다. 그러면서 한편으로 성지순례길이니 중단할 일은 생기지 않을 것이라고 대중을 안심시켰다. 우리의 기도에 감응한 것인지 병원으로부터 척추나 요추에는 이상이 없다고 연락이 왔다.

13시 반경, 병원에서 보살이 돌아오자 우리는 호텔을 떠나 보팔역으로 향했다. 마침 내게 비상용으로 가져온 뼈와 관절 등의 통증을 완화시키는 환약이 있어서 다 건네주고는 복용케 했다. 역에 도착해 보니 출발시각이 한참 남았는데, 버스에서 내리기만 하면 애기를 안은 여인들이 다가와 손을 내밀었다. 측은하여 돈을 건넸더니 주변의 엄청난 인파가 버스를 에워쌌다. 결국 그들을 피해 역에서 한참 떨어진 곳으로 버스를 옮기고는 근처를 어슬렁거리며 시간을 보내게 되었다. 동네는 참 썰렁했는데, 그래도 기회를 살리면 재미난 자료를 찾을 수 있을 것이라 생각하여 카메라를 들고 동네를 돌아보기로 했다.

: 우리를 태우고 다닌 관광버스 - 사고로
마지막 일정이 될 뻔했다

: 산치에서 돌아오는 길에 찍은 보팔의
작은 호수

10여 미터를 가자 비워 둔 집이 나타났는데, 마당에서는 재미난 광경이 벌어지고 있었다. 떠돌이 가족들이 임시거처로 쓰는 것 같았는데, 마당에서 빵을 만들고 있었다. 아마도 그것을 팔아 생활비를 마련할 모양이었다. 너무나 즐겁게 장난을 치면서 일을 하기에 한참을 머물며 사진을 찍는데, 일행 모두가 내게 웃음을 선사했다. 나도 답례로 웃으며 손을 흔들어 주고는 거리를 따라 내려갔다. 눈앞에 옛 기억을 떠올리게 하는 손수레 가게가 나타나기에 카메라를 들었더니 주인장 젊은이가 인상을 팍 쓰면서 사진 찍지 말라는 손짓을 했다. 뒤따르는 인도 직원에게 이유를 물었더니 그게 약한 마약류란다. 옛날 시골 구멍가게에 주렁주렁 매달았던 당원 봉지 같은 것에 들어 있는 가루를 씹는 담배에 뿌려서 씹으면 피곤과 졸음을 쫓을 수 있단다. 버스기사들이 씹고 있는 것이 바로 이 마약류였던 것이다. 그래서 기사들의 평균수명이 50세란다.

: 빈집에 거처를 정한 떠돌이 가족이 빵을
만들다가 내게 웃음을 선사했다

: 손수레에 매달린 봉지들이 약한 마약류임
- 아주 못마땅해 하며 사진을 거부했다

다시 방향을 바꿔 우리 버스가 있는 곳으로 향하며 보니 손수레에 과일을 파는 사람, 삼륜자동차, 오토바이, 그리고 유유히 걷는 흰 소가 한 폭의 인도풍경화를 만들고 있었다.

: 갖가지가 어울려 있는 지극히 인도적인 거리의 한 풍경

15시 30분, 우리를 태운 익스프레스호가 보팔역을 출발했다. 인도에서 가장 특급이라는 이 열차는 최하며칠 전에 예약을 해야 한단다. 우리와 같은 칸에 탄 사람들의 면면도 그들의 생활수준을 보여 주는 듯 깨끗하다. 대중은 낮 동안의 여러 상황으로 많이 지쳤나 보다. 나 또한 예외가 아니라서 눈이 맑은 소년의 사진 몇 컷을 찍고는 곧 휴식에 들어갔다.

: 익스프레스 열차 안에서 만난 눈이 맑은 소년

19시 13분, 이윽고 아그라역에 도착했다. 플랫폼에 내리니 안개인지 스모그인
지 구분하기 어려운 뿌연 기체들이 온통 가득했다. 그 뿌연 기체만큼 대중의 얼굴
들도 뿌옇다. 시선을 돌려보니 과일장수 아저씨가 구식 손저울에 과일을 달고 있
었다. 과일은 플랫폼의 분위기와는 다르게 싱싱한 느낌이다.

: 다섯 시간 반 동안 열차를 탄 후 내린
아그라역 플랫폼의 대중 - 뿌옇다

: 구식 손저울로 과일을 달고 있는 남자의
표정이 진지하다 - 과일이 참 싱싱하다

대합실을 빠져 나오며 보니 노숙자들이 웅크리고 자는 모습들이 눈에 들어온
다. 인도의 철도를 이용하다보면 곧 익숙해져야 하는 풍경 중의 하나이다. 만약
그들에게 현금이라도 주려고 한다면 자신의 모든 것을 거기서 다 줄 각오를 해야
만 한다. 순식간에 인산인해를 이루기 때문이다.
　아그라 역전 광장에 나올 때쯤 따가운 눈과 아프기 시작하는 목이 뿌연 기체의
실체가 스모그임을 말해 준다. 재빨리 버스를 타고 벗어나는 것이 상책이다.

: 역 대합실을 방으로 사용하는 사람들
- 있는 것 다 줄 생각이 아니면 돈 주지 말 것

: 아그라 역전 광장 - 저 뿌연 것의 실체는
스모그이다

22시 08분, 오늘의 종착점 제이피 팰리스(Jaypee Palace) 호텔에 도착했다. 그런데 입구에 검색대가 설치되어 있고, 모두 그곳을 통과해야 한단다. 이유인즉 최근 인도 특급호텔을 대상으로 하는 폭파테러로부터 손님들의 안전을 지키기 위해서 란다.

: 호텔의 검색대를 통과하고 있는 대중
- 폭탄테러 예방책?

: 정갈하게 정리된 호텔의 내부

로비로 들어가니 가네샤가 눈에 들어왔다. 가네샤는 '군중의 지배자' 라는 뜻인데, 시바와 파르바티 사이에 태어난 아들로 지혜를 성취시키는 신으로 숭배된다. 그 모습은 코끼리얼굴에 이빨은 하나이며, 팔은 넷이요, 툭 내민 배에 뱀을 감고 있으며, 쥐를 타고 있다. 이 가네샤는 불교 중에서 밀교(密敎)에 수용되어 대환희자재천(大歡喜自在天)이 된 신이다.

: 가네샤 신상이 로비에 있다 - 불교에까지도
호법신으로 등장한다

: 그랜드 레스토랑으로 가는 길목의 중식당
- 어딜 가나 구분된다

늦은 시각이라 로비에 가방을 모아 두고 바로 식당으로 갔다. 호텔내의 '그랜드 레스토랑' 은 우리 일행뿐이었다. 다른 손님들은 일찌감치 식사를 끝내고 방에 들어갔는지 호텔은 조용하기만 했다. 식당 곁에 있는 화장실에 갔더니 손 씻는 곳에 꽃을 띄운 물그릇이 있어서 기분을 상큼하게 해 주었다.

: 화장실의 세면대에 있는 꽃그릇이
기분을 상큼하게 한다

이 호텔은 도처에 꽃을 잘 배치하
여 사람들을 기쁘게 해 주었다.

공양을 끝내고 우이사가 내일 오
전은 푹 쉬라고 하기에, 오전부터
움직이는 것으로 일정을 조정했다.
방에 들어가 간단한 정리를 한 후
카메라를 들고 로비를 나섰다. 대문
을 들어설 때 꽤나 인상적이었는지
라 호텔 정문께로 가서 대문 쪽을
찍고는 다시 호텔 안으로 들어선
시각이 자정이 넘었다. 3층까지 복
도 한 가운데가 뚫려 있는지라 올
려 보았더니, 그저 적막하기만 했
다. 오히려 산사(山寺)보다도 더 적
막하다. 나도 이제 그 적막과 놀아
야겠다.

: 우리가 공양을 한 그랜드 레스토랑은
뷔페식이다

: 계단을 오르는 곳에 놓여 있는
분재들

: 도로에서 꽤 안쪽으로 들어와 있는 호텔의 정문

: 호텔의 복도 가운데가 3층까지 뚫려 있어
한눈에 보인다 - 참 적막하기만 하다

21

제이피 팰리스 호텔의 아침

모처럼 숙면을 취하고 눈을 뜨니 04시경이다. 곧바로 뜨거운 물을 받아 반신욕을 한 후 삭발을 하였다. 대관(大觀) 하나를 향로에 꽂고 향이 다 사를 때까지 선정을 즐긴 후, 바흐의 무반주 첼로조곡을 낮게 틀어 놓고 혼자만의 다회(茶會)를 한다. 대중과 더불어 하는 소리향차법회인 다회(茶會)도 좋지만, 조금은 적막한 혼자만의 다회가 아무래도 비구에게는 좀 더 어울린다. 아주 천천히 흠향하며 조금씩 입안에서 음미하는 차 맛은 이국의 여독을 풀어버리기에 충분하다. 침향과 음악이 내 몸을 감싸고 어루만져 주니, 비록 부처님의 성지가 없는 아그라(Agra)에 앉았지만 여래(如來)와 함께하는 자리가 된다.

: 호텔 안쪽에서 본 정문과 들어오는 길

07시경, 사진을 찍기에 충분히 밝아졌기에 방을 나섰다. 우선 밤에 도착했기에 제대로 파악하지 못한 호텔의 얼굴을 보고자 다시 정문에서부터 시작했다. 잘 정리된 입구와 성의

: 호텔 현관 앞의 앞마당에 있는 분수대

: 분수대 곁에서 장난을 치고 있는 모녀

: 장난을 치고 있던 아주 귀엽고 이쁜 꼬마아가씨

망루처럼 생긴 정문을 통과하니 직사각형 구조의 건물이 분수대를 가운데 둔 앞마당을 형성하고 에워싸고 있다. 분수대를 찍느라 가까이 다가서니 모녀가 앞에서 장난을 치고 있었다. 어머니에게 딸을 찍어도 되겠느냐고 양해를 구하니 허락을 해주었다. 현관문에는 전통복식과 현대복식의 두 도어맨(문지기)이 있다가 거수경례를 했다.

: 꽃으로 잘 치장한 호텔의 복도

: 휴식공간에 걸린 그림들
- 나뭇잎을 그린 작품들

꽃꽂이가 멋지게 장식된 중
앙통로를 지나 휴식을 취할
수 있는 공간으로 들어서니
벽면에 아주 멋진 그림들이
몇 점 걸려 있다. 그림 아래
작은 책상에서 업무를 보고
있던 아리따운 여직원이 미
소를 띠며 "굿모닝 써!"라고
인사를 한다. 인사 한마디가
참 사람을 기분 좋게 한다. 전
면에는 넓은 유리창인데, 그
곳을 통해 호텔의 후원(後苑)

: 휴식공간의 벽에 있는 그림
- 소를 다루는 남자

: 호텔 후원에 있는 수영장 - 아주 맑게
정리되어 있다

: 호텔 후원에 있는 분수대 - 물만 보고 있어도 시원해진다

: 정갈하게 정리된 후원의 잔디밭과 길

을 볼 수 있었다. 넓은 뜰과
수영장이 보이고, 아주 큰 분
수대가 가운데 있는 왕궁의
정원이라고 해도 손색이 없
을 후원이었다.

: 분수대 물에서 목욕하는 비둘기들
- 대리만족이 된다

　직원의 도움을 받아 후원
으로 나가는 문을 나서니, 마
치 잘 정돈된 큰 사원의 뜰에
있는 느낌이 든다. 일정이 느긋한 덕분에 여유롭게 정원을 거닐 수 있다는 것이
참 좋았다. 수영장을 지나 사각의 큰 분수대에 카메라를 맞추다가 목욕을 즐기는
새들을 만났다. 잘 정리된 잔디밭들과 깨끗하게 쓸어놓은 길들이 거니는 사람의
마음을 정갈하게 한다.

: 후원 오른쪽에 있는 별관 - 직사각의 대칭형

: 별관의 마당에 있는 국화밭의 노란 국화들

: 별관의 뜰에 있던 꽃 - 남방에서
자주 만날 수 있는 종류

: 별관 마당 화분에 따로 있던
짙은 자주색 국화

방향을 오른쪽으로 틀어 또 다른 공간으로 들어가니 그곳은 별채였다. 역시 정원을 가운데 두고 직사각형 대칭으로 구성되었는데, 여기에는 특히 많은 국화 종류를 비롯하여 남방의 꽃나무들도 제법 보였다.

다시 본관을 지나 앞쪽으로 가니 이곳 또한 별관인데, 아마도 호텔의 업무를 보는 곳이거나 직원들이 주로 쓰는 공간처럼 느껴졌다.

: 본관의 전면 오른쪽에 있는 별관 마당에서 본 본관

: 현관의 옆 따로 마련된 방에 있는
여신상

: 벽에 걸린 부조 - 왕에게
선물을 올리는 모습으로 보임

: 식당 가까이 걸려 있던
현대화풍의 미인도

: 등불과 꽃과 향유를 공양올린 공양구

어느덧 아침공양을 약속한 08시를 지나고 있어서 식당으로 향하면서 현관을 지나치다 보니 여신상이 보였다. 어제 저녁에는 미처 보지 못한 것이었다. 인도의 여신상 또는 여인의 조각상은 풍요로움을 기원하는 마음이 그대로 표현되어 있다. 조금 떨어진 곳에는 여신에게 올린 것인지 아니면 손님들에게 올린 것인지는 알 수 없지만, 등불과 꽃과 향유 그릇처럼 보이는 공양구가 있었다. 조금 가다 보니 벽면에 부조를 액자에 넣은 것이 걸려 있다. 내용은 신하 또는 백성들이 왕에게 선물을 올리는 광경처럼 보였다. 식당이 가까운 곳 벽에는 현대적인 미술품이 걸려 있었는데, 마치 우리의 칠보기법으로 만든 것 같은 미인도였다.

모처럼 여유롭게 보낸 아침의 산책으로 공양을 하지 않았는데도 이미 배는 불렀다.

22

아그라 성(城)-요새와 왕자의 궁전

09시 30분, 우리는 아그라성을 향해 출발했다. 여행사의 계획대로라면 오전은 호텔에서 쉬고, 점심 후에 아그라 성과 타지마할을 둘러보는 것이었다. 그일정을 바꿔 오전에 아그라성을 둘러보기로 한 것이었다. 아그라의 시가지로 들어가자 곧 전형적인 인도의 거리 풍경과 마주쳤다. 사람과 차와 수레와 소가 뒤섞여 있어서 차도인지 보도인지를 구분하기 어렵다.

25분쯤을 버스로 이동하자 이윽고 붉은 성채가 나타났다. 성벽과 성문이 붉은 사암(砂巖)으로 건축되었기에 일명 '붉은 요새(Red Fort)' 라고 불리는 아그라성이다. 주차장은 관광객을 태우고 온 차들로 이미 아수라장이다.

: 아그라 시내의 도로 - 전형적인
인도의 도로 풍경이다

: 오전 10시가 되지 않았지만 아그라성 앞의
주차장은 이미 아수라장이다

아그라성은 밖에서 보면 견고한 요새다. 야무나 강변에 위치한 이 아그라성은 1565년 무굴제국의 제3대 황제 악바르(Akbar)가 수도를 델리에서 아그라로 옮기면서 요새로 만들어졌다. 악바르 황제가 죽은 뒤에는 자항기르, 샤 자한, 아우랑제브가 무굴제국의 전성시대를 이어가면서 아그라성을 계속 증축하였다. 특히 건축에 대한 애정과 재능을 지녔던 황제 샤 자한(Shah Jahan) 시대에 궁성으로 개조되면서 화려한 건축물들이 추가되었으며, 그의 아들 아우랑제브(Aurangzeb)가 외부 성채를 건설하고 이중으로 된 성벽 사이에 해자(垓子)를 설치했다. 1983년 유네스코에서 세계문화유산으로 지정하였고, 타지마할과 함께 아그라를 대표하는 관광 명소다.

: 아그라성 남문인 아마르 싱 게이트로 들어가는 다리

현재 성 외곽에 해자가 있고 높이가 20m, 길이가 2.5km나 되는 성벽이 이중으로 성을 감싸고 있다. 지금도 군사시설로 사용되고 있다.

: 남문 앞의 다리에서 본 견고한 성벽과 깊은 해자
- 이전에 물로 가득했으리라

성의 남쪽에 있는 '아마르 싱 게이트(Amar Singh Gate)'를 지나면 이슬람 양식의 건축물이 있다. 창문은 아니지만 창문 모양으로 건물 외벽이 되어 있기에 물어봤더니 이슬람 아홉 성인을 뜻하는 것이라고 한다. 두 번째 문을 지나면 왼쪽으로 급히 꺾인 경사로가 나타나는데, 이것은 코끼리부대의 침입에 대비하면서 위급할 때 기름을 붓고 불을 지르기 위한 설계라고 한다.

: 아그라성에 들어가는 첫 번째 문

: 문을 통과하자 만난 학생들
- 단체 관람을 온 모양

: 아그라성에 들어가는 두 번째 문이 위압적이다

: 아그라성으로 들어가는 세 번째 문은
이슬람 양식이다

: 아그라성에 들어가는 네 번째 문
- 계속 오르막 경사

: 궁전으로 오르는 마지막 경사로 - 가파른 길은
방어를 생각한 것이라 함

이 경사로의 끝에 이르면 오른쪽으로 붉은 궁전이 보인다. 이것은 악바르 황제가 어렵게 얻은 아들 제항기르를 위해 지었다는 '제항기르 궁전(Jehangiri Mahal)'이다. 이 궁전은 힌두와 이슬람 방식이 혼합된 특이한 방식이다. 건물의 안과 밖은 정교하고 화려한 조각으로 보는 이를 감탄케 한다. 마당에는 빗물을 저장하여 활용한 빗물저장고를 깊게 만들어 두었는데, 궁전의 시설인 만큼 멋스러운 설계를 하였다.

: 아그라성 전체를 살필 수 있는
안내석

: 어렵게 얻은 왕자를 위해 지었다는 제항기르 궁전

: 제항기르 궁전의 중앙문 - 회교와
  이슬람의 양식이 섞여 있음

: 제항기르 궁전의 외벽은 창문형
  - 문양은 형마다 다름

: 제항기르 궁전의 내부 마당에서 본 전체 구조

: 각 문에는 모두 이 구조로 되어 있음
- 둥근 형은 커튼을 거는 곳이라 함

: 정교하게 쌓아 올린
돔형 건물의 내부

: 마당에 있는 빗물 저장소
- 물을 활용하기 위함이었다고 함

: 건물 내부의 원활한 공기 소통을 위한
외벽의 구조

이 오른쪽으로 기단만 남아 있는 궁전터가 있는데, 최초에 이 성을 세운 악바르의 궁전(Akbari Mahal)터이다.

무굴제국의 시조는 바부르(Babur)인데 1526년 인도로 세력을 뻗쳐 인도 델리왕조를 멸망시키고 무굴제국을 세웠다. 무굴제국은 2대 후마윤을 거쳐 13세에 즉위한 3대 악바르 황제 때 크게 확장하며 델리를 떠나 아그라를 수도로 삼게 된다. 이 무굴제국이 망하는 결정적인 사건이 '세포이의 항쟁'이다. 영국 동인도회사에 고용된 인도인 용병들인 세포이가 중심이 된 거대한 반영인도민족주의 운동이 일어나는데 이를 흔히 '세포이 항쟁'이라고 한다. 영국은 군인들을 동원해 세포이 항쟁을 무력으로 진압하면서 무굴제국도 공식적으로 멸망시켜 버렸다.

세포이 항쟁을 진압하면서 영국군은 아그라성에 엄청난 포격을 했고, 아그라성의 대부분이 파괴되고 약탈당했다. 이때 파괴된 아그라성을 지금의 모습으로 바꾼 사람이 인도의 초대 수상이었던 네루였다. 네루는 그 옛날 무굴제국의 영광을 회복하겠다는 포부를 갖고 파괴된 아그라성을 복원하기 시작했고, 1948년 아그라 성문 위에 올라 인도 독립을 선포하였다. 그런데 왜 '악바르의 궁전'을 완전히 복원하지 않았을까?아픈 역사를 잊지 않겠다는 뜻이었을까?

: 제항기르 궁전의 오른쪽에 있는 악바르의 궁전터
- 최초의 건물이 있던 곳

23

권력의 성을 지어 갇히고 말다

붉은 궁전인 '제항기르 마할'을 지나면 샤 자한(Shah Jahan)의 영광과 비극인 대리석 궁전들과 만나게 된다. 아그라성의 화려한 건축은 거의 샤 자한에 의해 이루어졌다. 무굴제국의 제5대 황제인 샤 자한은 건축에 대한 안목과 열정이 남달라서 타지마할과 아그라성의 궁전 및 사원을 건축하였다. 인도의 대표적 관광지로 유명해진 타지마할은 열네 번째 아이를 낳은 직후 세상을 떠난 아내 뭄타즈 마할(Mummtaz Mahal)을 위한 망자(亡者)의 궁전이었다. 그는 아내를 그리워하며 22년간 수십만 명의 인력과 코끼리 부대를 동원해 국가재정을 쏟아 부어 타지마할을 완공시켰다. 아그라성 역시 증축을 거듭해서 성내 주요 건물 대부분을 완성하였던 것이다.

제항기르 궁전을 지나면 바로 만나는 것이 '카스 마할(Khas Makal)'로, 하얀 대리석으로 지은 단아한 건물이다. 그리고 이 '카스 마할'의 뒤편으로 비극의 상징인 무삼만 버즈(Musamman Burj)가 있다. 샤 자한이 병들자 왕자들은 왕위계승을 놓고 암투를 벌였는데, 막내 아우랑제브가 반란을 일으켜 승리하여 1658년 왕위를 계승하게 되었다. 황제가 된 아우랑제브는 왕위 계승의 싸움에서 자기의 편을

: 제항기르 궁전을 지나면 만나게 되는 카스 마할의 측면 부분

: 전면에서 본 카스 마할은 흰 대리석의 단아한 모습이다

들어주지 않은 아버지를 미워하였다. 결국 국고탕진 등의 이유로 아버지 샤 자한의 모든 권한을 박탈하고는 타지마할이 멀리 보이는 아그라성의 무삼만 버즈 (Musamman Burj - 포로의 탑)에 그가 죽을 때까지 감금해 버렸다. 샤 자한은 팔각의 좁은 대리석 탑 안에서 8년이라는 세월동안 오직 아내의 무덤궁전인 타지마할만 바라보다가, 죽어서야 그 탑에서 벗어나 타지마할의 아내 곁으로 갈 수 있었다.

: 포로의 탑인 무삼만 버즈에 샤 자한은 8년간 감금된 채로 생을 마감했다

: 무삼만 버즈에서 보이는 강 건너의 타지마할 모습

이 비극의 탑과 연결되어 있는 것이 궁전(宮殿)인 '디완 이 암(Diwan-i-am)'과 '디완 이 카스(Diwan-i-Khas)'이다.

'디완 이 암'은 대중을 향해 연설을 하는 곳이라면 '디완 이 카스'는 귀빈들을 맞는 왕의 접견실에 해당된다. 이 궁전은 침전(寢殿)을 비롯하여 공주들을 위한 별궁들이 이어져 있으며, 황족의 예배실과 궁녀들의 예배실 및 궁녀들을 위한 부속 건물 등으로 구성되어졌다. 건물의 내부는 화려한 문양으로 꾸며졌는데, 예전에는 금과 보석으로 가득했던 것을 영국 군인들이 훔쳐 가 버렸다고 한다. 이 궁전에서는 무굴건축의 또 다른 특징인 섬세한 문양의 투각창을 볼 수 있다. 2층의 건물에는 테라스가 이어졌고, 거기엔 황제만이 앉을 수 있는 검은 대리석 평좌가 있다. 이 자리에 앉아 황제는 궁녀들의 연회를 감상하였다고 한다. 이 대리석의 뒤로는 야무나 강과 강변의 타지마할이 보이고, 앞으로는 가운데 정원을 두고 사

: 가운데서 정원을 두고 사방으로 건물이 이어지는
디완 이 카스

방이 2층의 건물로 구성되어 있다. 거기 많은 방들은 궁녀들이 거처하는 공간이었다고 한다. 그 앞쪽에 우뚝 솟은 대리석 궁전이 '디완 이 암' 이다.

: 왕비의 처소라고 설명 들었던 곳으로
그 화려함이 대단하다

: 은밀한 공간에는 이처럼
투각창을 설치했다

: 궁의 방안에는 분수대가 대리석 바닥에 있다
- 물을 어떻게 뿜어 올렸을까?

: 황제의 침전이라고 했던가? - 처음엔 이 문양이 모두
금과 보석이었다고 함

: 카스 마할의 안에서 본 정원과 건물들의 모습
- 궁녀들의 처소라고 했던가?

: 왼쪽부터 황제의 검은 대리석 자리, 무삼만 버즈, 카스마할

: 황제의 검은 대리석 의자에서 사진을 찍는 대중 - 정원 건너편에서 촬영

: 왕족들만의 예배공간인 사원 - 나기나 마스지드
(Nagina Masjid)

: 궁녀들의 예배공간인 미나 마스지드 - 사각의 문이 있는 곳

'디완 이 암(Diwan-i-Am)'은 왕의 공식적인 행사나 백성들을 불러 연설을 하는 등 황제의 공무가 이루어졌던 곳으로, 정면과 측면이 모두 아치로 이루어진 하얀 대리석 건물이다. 단층이지만 주변의 2층 부속건물들보다 높고, 외관은 일견 단순해보이지만 장식을 잘 살펴보면 화려하다. 중앙 깊은 곳에 한 단 높은 왕의 자리를 두었으며, 전면에는 넓은 정원이 펼쳐져 있다.

: 황제가 공식적인 회의나 연설을 하던 곳인 디완 이 암

: 디완 이 암의 실내에서 본 정원과 주변의 건물들

: 디완 이 암의 가장 안쪽 중앙에 있는
황제의 자리는 한 단 높게 되어 있다

'디완 이 암'을 나와 오른쪽을 보면 샤 자한이 심혈을 기울여 건축했다는 회교
사원 '모티 마스지드(Moti-Masjid - 진주의 사원)'가 보이지만, 관광객의 출입을 통
제하고 있어서 들어갈 수는 없었다. 이 왕궁에는 왕실 전용의 사원인 나기나 마스

: 아그라성 가장 안쪽에 있는 진주의 사원 모티 마스지드(흰 건물)

지드(Nagina Masjid)와 궁녀들을 위한 미나 마스지드(Mina-masjid)가 따로 있는 것으로 보아, 이 모티 마스지드는 황제의 권위를 보이기 위한 정치적 목적으로 세워진 것이었으리라.

: 아그라성을 나올 때 만난 아기 - 오직 평화 뿐
- 엄마의 허락을 받고 촬영

1시간 반 정도 아그라성에서 시간을 보낸 우리는 11시 30분경 다시 호텔로 향했다. 시내 도로는 더욱 복잡해져 있었고, 소의 무리와 짐수레 등이 길을 막고는 신선놀음을 하고 있었다. 달리다 멈추기를 수차례 되풀이한 후, 우리는 호텔로 돌아와 점심공양을 하고는 체크아웃을 하였다.

: 호텔로 돌아가는 길에 이런 상황들 때문에 쉬다 가다를 되풀이하였다

24

백색의 그리움, 타지마할

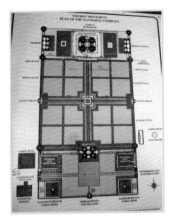

: 타지마할의 조감도
- 위 중앙이 본관

14시에 세탁 맡긴 승복을 찾아 호텔을 떠난 우리는 15분 후에 1983년 유네스코에 의해 세계문화유산으로 지정된 타지마할의 입구에 도착했다. 버스에서 내려 아스팔트길을 걸어가며 소와 인사를 나누다 보니 붉은 사암(砂巖)으로 지은 동문에 이르렀다. 동문이라고는 하지만 정문에 이르기 위해 출입하는 문이 동쪽과 서쪽 두 곳에 있기에 동문이라고 하는 것이다. 동문을 들어서면 옛날 대상들의 숙소로 사용했다는 붉은 건물이 양쪽으로 있다. 이것을 지나 두 문의 중간지점에 이르면 왼쪽(남쪽)으로는 남문이 있으며 오른쪽(북쪽)으로는 타지마할의 정문(MAIN GATE)이 있다.

: 타지마할의 동문 - 반대편에는 서문, 중앙의 왼쪽이 남문,
오른쪽이 정문

: 정문으로 향하는 길
- 좌우의 건물은 옛날 대상들의
  숙소로 사용된 것이라 함

　무굴 제국의 수도였던 아그라(Agra)의 남쪽, 야무나(Jamuna) 강가에 자리 잡은
궁전 모양의 묘지가 타지마할이다. 타지마할은 무굴 제국의 황제 샤 자한(Shah
Jahan)이 끔찍이 사랑했던 왕비 뭄타즈 마할(Mumtaz Mahal)을 그리워하며 만든
것이다.

: 동문과 서문의 중간 지점에 위치한 정문
- 마치 거대한 성처럼 보인다

1628년에 황제에 오른 '쿠람'은 스스로를 '세계의 왕'이라는 뜻의 '샤 자한 (Shah Jahan)'이라고 칭하였고, 그의 아내 '알주만드 바누'는 '왕궁에서 선택한 사람'이라는 뜻의 '뭄타즈 마할(Mumtaz Mahal)'이라고 칭하였다. 왕비를 너무나 사랑했던 샤 자한은 전쟁터에까지 함께 다녔는데, 열네 번째인 공주 '라우샤나 아라 베굼'을 출산한 직후 뭄타즈 마할은 체력의 고갈과 좋지 못한 기후 등의 영향으로 숨지고 말았다. 비탄에 잠긴 샤 자한은 2년 동안 기름진 음식을 먹지 않았고, 화려한 황제의 복장도 하지 않았으며 음악과 연회를 베풀지 않았다고 한다.

정문은 붉은 사암과 하얀 대리석을 적절히 혼합한 웅장한 요새와 같았다. 기하학적 문양으로 가득한 이 거대한 아치형 정문을 지나면 넓은 뜰에 직선의 수로가 있는 무굴양식의 정원이 펼쳐진다. 약 300m에 이르는 수로를 통해 본 타지마할 본관은 물 위에 떠 있는 거대한 한 송이 백련(白蓮) 같았다. 그 광경을 대하는 순간 저절로 입에서 감탄의 소리가 나온다. 정문에서 바라본 정원은 완벽한 대칭을 이루고 있다. 한동안 그 정문 쪽에서 전체를 감상하고는 수로의 옆에 있는 길을 따라 중간쯤에 이르니 거대한 연꽃 모양의 수조가 있고, 분수에서 뿜어내는 물줄기는 더위를 식혀준다. 그때 늙수그레한 남자가 내 사진기를 보고는 자기가 사진 찍기에 가장 좋은 장소들을 안내하겠다고 나섰다. 직감적으로 그 일로 생업을 삼는다는 것을 알았지만 비용을 흥정하지 않은 채 가이드에게는 나중에 만나자는 말을 남기고 사나이를 따라 나섰다.

안내를 자청한 인도 남자는 먼저 왼쪽 정원으로 향하더니 그곳에서 본관을 가리켰다. 그가 지정한 곳에서 카메라 앵글을 맞추니 과연 괜찮은 구도가 잡혔다. 이어서 왼쪽에 있는 이슬람사원을 향했다. 입구에서 신을 벗어둔 채 사원 안으로

: 정문 앞에서 본 본관은 수로 위에 떠있는 것 같다

: 수로의 중간 쯤에서 돌아본 정문 또한
　물 위의 건축처럼 보인다

: 왼쪽 정원의 숲에서 바라본 본관
　- 약간 다른 분위기로 다가온다

: 본관의 왼쪽에 있는 이슬람 사원
- 입구에서 안쪽을 보고 촬영한 것

: 사원의 중앙문 안에서 바라본 본관은
아담한 느낌을 준다

들어가니 분위기가 매우 장엄하다. 이슬람 사원(모스크. Mosque)에는 사람이나 동물의 문양을 우상이라 하여 사용하지 않는다. 그 대신 식물문양과 기하학적 문양을 계속 이어가는 형식으로 꾸민다. 끝없이 이어지는 문양들과 계속되는 건물 구조가 사람을 어지럽게 하기도 하고 몽환적으로 만들기도 한다. 그 상태로 기도한다면 아마도 기이한 현상도 접할 수 있을 것이라는 생각이 들었다. 사원의 문을 통해 본 본관의 정경은 아담한 분위기였다. 그 모습을 보다가 돌아서면 정면에 사원의 본존이라고 할 수 있는 하얀 대리석 구조가 눈에 들어온다. 붉은 사암으로 아치를 만들고 그 안에 대리석으로 모양을 잡은 형태인데, 그 자체로 성스럽다는 느낌을 갖게 할 수 있을 것 같았다. 돌아 나오다가 다시 보고 싶어 뒤돌아서서 한참을 지켜보았는데, 그 순간 실루엣처럼 한 여인이 중앙에 서서 기도를 올리는 모습이 포착되었다. 내가 꿈을 꾸고 있는 것인가. 아니면 뭄타즈 마할의 영혼인가?

: 사원의 정 중앙 - 기도의 중심부 - 본관을 등지고 서면 바로 보인다

: 사원의 정 중앙의 천정은 식물문양과
기하학적 문양으로 구성되었다

: 사원을 나오다가 돌아본 광경 - 기도하는 여인이 실루엣처럼 보인다

우이사가 궁금했는지 사원으로 찾아왔기에, 혼자 꾸는 몽환을 떨쳐 버리고 본관으로 향하였다. 본관이 있는 단에 오르기 위해서는 신을 벗거나 아니면 비닐 덧신을 신어야만 한다. 본관에 들어가기 위해서는 긴 줄을 서야만 하는데 30분 정도의 대기는 기본이다.

거대한 본관은 검고 흰 바둑판무늬의 대리석으로 된, 가로 세로가 각각 93.9m인 단 위에 세워져 있다. 중앙은 거대한 봉분모양이고 사면이 대칭으로 되어 있다. 네 모퉁이에는 그 본관을 지키기라도 하려는 듯 네 개의 대리석 탑이 높이 솟아 있다. 하얀 본관과 대조를 이루며 서쪽에 붉은 사암 사원이 있고, 동쪽에도 사원과 같은 외형의 건물을 두어 전체의 균형을 이루고 있다.

: 본관을 한 바퀴 돌아 대기하는 사람들
- 이곳은 신을 신고 오를 수 없다

이 타지마할을 짓기 위해 샤 자한은 무굴 제국은 물론 이탈리아, 이란, 프랑스 등 외국으로부터 건축가와 기능공 2만 명을 동원하여 22년간 공사를 하였다. 흰 대리석은 '라자스탄' 의 '마크라나' 로부터 그리고 붉은 사암(砂岩)은 '화테푸르 시크르' 부근으로부터 점령한 국가들에 의해 바쳐졌다. 건물의 안과 밖 상감 장식을 위하여 벽옥은 '펀잡' 에서, '다이아몬드' 는 '매드야 프라데쉬' 의 '파나 힐즈' 에서 들여왔고, 비취와 수정은 중국에서 수입하였으며, '튀르크와즈' 는 '티벳' 에서 가져왔고, '사파이어' 는 '스리랑카' 에서 수입하였으며, 산호와 홍옥수는 '아라비아' 에서 공급받았고, 얼룩 마노와 자수정은 '페르시아' 에서 들여왔다고 한다. 또한 본관 내부는 정교한 '페르시아' 의 '카펫' , 진주 융단, 순금으로 만든 칸막이와 등잔 등으로 이루어져 있다.

: 본관의 정문 - 이 아래의 작은 문을 통과하여
안으로 들어갈 수 있다

: 샤 자한과 뭄타즈 마할의 대리석 관 - 시신은 이곳에 없다 - 문양은 모두 상감기법

: 본관의 내부는 여러 곳에서 빛이 들어오긴 하지만
쾌 어둡다

눈부신 순백의 대리석으로 지어진 본관은 육중한 몸체에도 불구하고 백색의 특징으로 인해 마치 공중에 떠 있는 것 같은 착각을 일으키게 한다. 벽면의 문양은 대리석에 무늬를 박아 넣는 피에트라 듀라(Pietra-dura, 우리식으로는 돌 상감에 해당) 기법이 활용되었다. 건물 내부 1층에는 대리석으로 만든 왕과 왕비의 관이 있지만 유골이 없는 빈 관이다. 샤 자한과 뭄타즈 마할의 육신은 지하 묘에 안장되어 있다고 한다.

긴 줄이 짧아져 이윽고 안으로 들어갔지만 어두워 자세한 것을 살피기는 어려웠다. 두 사람의 석관을 보고 이리저리 오르락내리락하며 한참동안 내부구조를 살펴본 후 밖으로 나왔다.

: 본관을 나서며 바라본 정문 - 사람들로 가득한 정원

: 지친 다리를 풀어주는 대중 - 보이는 건물은
사원과 대칭을 맞추기 위해 지은 것

: 본관의 뒷편은 야무나 강으로 멀리
아그라성이 보인다

 야무나 강변에 서서 서쪽을 보면 멀리 샤 자한이 유폐되어 있던 아그라성이 보인다. 그 아그라성의 무삼만 버즈(포로의 탑)를 보며 다시 한 번 샤자한의 사랑을 생각해 본다. 어찌 보면 타지마할은 최고의 사랑 같기도 한데, 나에게는 지나친 집착의 산물처럼 느껴졌다. 오로지 개인적이었던 이 사업에 투입된 국고와 노동력하며, 그것을 조달해야 했을 백성들의 고충을 생각하면 감동에 젖기에는 무언가가 입맛을 씁쓸하게 하는 것이었다.

: 타지마할의 일몰 - 하루의 시각에 따라 해의 각도에 따라
본관의 색은 달라진다고 함

　나올 때는 중앙을 피해 동쪽의 통로를 이용하면서 다시 본관의 모습을 감상하고는, 해우소를 들른 후 다시 정문 앞에 섰다. 본관은 시각에 따라 태양과 만나는 각도에 따라 그 빛이 변한다. 가능하면 아침 이른 시각부터 해진 뒤까지 살펴보는 것도 좋을 것이다.

25

여행의 향신료, 쇼핑

타지마할을 떠난 우리는 쇼핑에 나섰다. 어제 일정수정을 하면서 핀두에게
아그라에서 쇼핑할만한 유명한 것이 무엇이 있느냐고 물어봤었다. 그랬더니 나
온 답이 캐시미어였다. 그래서 아그라성과 타지마할을 돌아본 후에 캐시미어
(cashmere) 전문점과 재래시장을 둘러보기로 한 것이다.

: 캐시미어와 실크 전문점인 오리엔탈 헤리티지의 입구 - 버스에서 촬영

단체여행을 하면서 쇼핑에 끌려 다니는 것은 참 피곤한 일이다. 여행사에서 안내하는 관광쇼핑센터란 대개 별로 필요도 없는 물건을 분위기에 휩쓸려 샀다가, 집에 돌아가 얼마 후면 버리는 물건이 대부분이다. 그래서 내가 계획한 여행에는 대부분 쇼핑을 빼버린다. 그러나 대중들은 가족도 생각하고 선물할 사람도 생각하기에 쇼핑을 완전히 뺄 수는 없다. 그래서 가는 곳마다 가장 유명한 것이면서 선물하기에도 적합한 것이 있는지를 알아보고는 전체일정 중 1~2회 쇼핑을 즉흥적으로 하는 편이다.

우리가 찾아가는 캐시미어 및 실크 전문점은 큰 도로변에 접한 꽤 큰 가게로 외국 관광객들이 많이 있는 것으로 봐서 대단히 유명한 가게인 모양이었다. 우리나라 옛날 가게들처럼 페인트로 칠해 만든 간판에는 '동양의 유산' 이라는 뜻의 '오리엔탈 헤리티지(ORIENTAL HERITAGE)' 라는 이름이 적혀 있었다.

십수 년 전 네팔에 갔을 때 우연히 구하게 된 캐시미어 담요는 겨울철 아주 요긴한 친구가 되어 주었다. 그래서 한국에서 구해보려고 전문점이라는 곳을 찾아갔더니, 담요처럼 큰 것은 있지도 않았고 작은 목도리도 너무나 비쌌다. 그때에야 비로소 캐시미어가 고급소재라는 것을 알게 되었고, 캐시미어에 대해 다시 공부를 했었다. 그 후로 네팔, 인도, 중국의 서쪽 등을 여행할 때면 캐시미어 전문점으로 대중을 인도했었다. 국내에서 구할 수 없는 제품도 많지만 가격

: 가격 흥정 - 사장님! 우리 아주 멀리서
왔걸랑요, 깎아주세요!

을 비교해도 엄청난 차이가 있으며, 특히 선물 받은 사람들이 아주 흡족해 하기 때문이었다. 외국 사람들은 이 캐시미어 제품을 몇 세대를 물려가며 사용한다고 했다.

가게에는 다양한 제품이 구비되어 있었는데, 다른 곳에서는 구하기 어려운 큰 담요도 여러 종류가 있었다. 잠시 사장과 얘기를 나눠 보니 본가가 잠무카슈미르 지방에 있어서 큰 목장을 운영하기에 최상의 털을 얻을 수 있으며, 이 가게 또한 몇 대에 걸쳐서 하는 것이라고 했다. 그리고 사장에게서 또 하나 배운 것은 캐시미어(cashmere) 중에서 최상의 제품을 파시미나(pashmina)라고 한다는 것이었다.

더위에 지쳤던 대중들이 물건들을 고르고 흥정을 시작하면서 서서히 활기를 되찾고 있었다. 30여 분이 지나자 언제 피곤했냐는 듯이 웃음소리가 가게를 가득 채웠다. 쇼핑은 이런 것이다. 성지순례나 탐사여행에서 쇼핑은 없어도 그만이다. 그러나 적절하게 활용만 하면 음식을 훨씬 맛있게 해주는 향신료처럼 여행의

: 선물 사려는데 어떤 것이 적당한 것 같아?
- 이건 어때? 싫어? 그럼 알아서 사!

즐거움을 훨씬 크게 만들 수 있는 것이다.

오리엔탈 헤리티지를 나서니 이미 거리에는 어둠과 불빛이 동거를 시작했다. 버스로 잠시 이동한 뒤 복잡한 거리에서 내린 우리는 좀 떨어진 곳에 있는 재래시장으로 향했다. 워낙 복잡한 거리인데다가 신호등도 없는지라 길을 건넌다는 것이 모험에 가깝다. 이런 분위기에 익숙한 핀두가 용감하게 차들을 막더니 우리를

건너게 해 주었다. 이런 모험을 두
차례 한 후 제법 근사한 상점들을
수십 곳 지나치니 이윽고 재래시장
이 나왔다. 입구에는 수제 가죽신을
파는 가게가 있었는데, 대중들의 시
선이 그곳에 꽂혔다. 고르고 신어
보고 다시 바꾸길 30여 분, 각자의
손에는 신발 한두 켤레씩이 들려 있
었다. 시계를 보니 이미 일곱 시다.

: 이런! 길 건너려고 목숨 걸어야 하나?
- 달리 방법이 없어?

: 핀두씨, 저 신발 얼마나 하는지 좀
물어 봐요

: 옆 가게 주인들 표정을 보아하니 - 저 가게만
잔칫날이야? 하고 생각하는 듯

: 저쪽 것이 더 나은 것 같은데
- 그저 좋은 것만 보면 흥분하게 마련인 모양

: 옆에서 지켜보던 아주머니 표정 - "난 언제쯤
저렇게 신발을 살 수 있을까?"

: 타즈 뷰 호텔의 멋진 야경 - 우리가 아그라의
마지막 저녁공양을 한 곳

: 타즈 뷰 호텔의 현관을 지키는
멋진 수염의 사나이

: 멋진 인테리어가 돋보이는 타즈 뷰
호텔의 로비

: 타즈 뷰 호텔의 중식당 만다린(Mandarin)의
입구는 깔끔했다

: 특이한 문양과 모양의 가사를
수하신 부처님의 상

: 중국식의 화려한 갑옷을
입은 듯한 불상

: 음식을 조리하는 용기와
악기를 연주하는 인물상

시장을 떠난 우리는 아그라의 마지막 저녁공양을 하기 위해 '타즈 뷰 호텔'로 향했다. 이 호텔 또한 아름다운 정원을 갖추었으며, 특히나 우아한 인테리어가 기분 좋은 곳이었다. 우리가 공양할 곳은 중식당 '만다린(mandarin)'으로, 아주 불심 깊

: 엎드려 부처님께 예를 올리며 가르침을 청하는 듯한 스님상

은 화교가 주인인지 사방이 불교적 분위기이다. 불상은 묘하게도 중국풍이었으며, 중국적인 조각이나 골동품이 보였다. 그 중에서도 가르침을 청하며 예경하는 스님상이 매우 특이했다. 음식은 매우 깨끗했으며, 특히나 손님을 배려하는 그들의 마음씀씀이가 아주 좋았다. 식당을 떠나며 들린 해우소(解憂所 - 화장실)에도 역시 꽃 공양 그릇이 있어 기분을 상쾌하게 해 주었다.

: 해우소(화장실) 세면대의 꽃 공양 그릇이 기분을 상쾌하게 해준다

21시 20분, 우리는 보드가야로 가기 위해 알라하바드(Allahabad) 역을 지나는 기차의 침대칸에 몸을 싣고 있었다. 어둠 속에 들어온 아그라를 어둠 속에서 떠나려 한다. 대부분의 삶이 그렇지 않은가. 불확실성에서 시작되고 불확실로 끝내는 것이

: 이런 꽃 그릇이 항상 마음에 있는 사람이라면 행복하지 않겠는가?

범부의 삶이다. 그러나 부처님의 제자라면 올 때는 어둠이었다고 해도 갈 때만은 적멸(寂滅)의 빛으로 충만해야 할 것이다. 그도 아니라면 꽃 가득한 그릇 같은 삶이라도 되어야 하지 않겠는가.

26

보리수로 향하는 길

12월 5일 밤, 알라하바드로 향하는 길은 벌써 네 번째 기차여행에 속한다. 그리고 밤을 보내야 하는 여행길이다. 또한 인도 순례 5일째 밤이다. 대중들은 이제 어지간히 몸이 지쳤다. 그래서일까? 차를 마시며 책을 읽다가 살펴보니 모두가 취침모드다. 그러고 보니 기차가 어둠 속을 질주하는 시각이 이미 자정 가까이 되었다. 이제 나도 잠을 청해야 할까 보다.

12월 6일 04시경, 눈을 뜨니 오직 어둠과 레일 위를 구르는 기차의 바퀴소리뿐이다. 보온병에 들어 있는 보이차를 몇 잔 마시니 몸과 정신이 맑아졌다. 잠시 정좌를 한 후 04시 50분에 일행을 모두 깨워 차를 마시게 하고는 내릴 준비를 시켰다. 모두 고양이 세수를 하고 짐을 챙기는데 얼굴들이 부석부석하다. 흔들리는 기차의 침대라는 것이 피곤을 풀기에는 무리였던 것이다.

: 내 카메라 가방을 들고 다녔던 인도여행사 직원
- 아직 잠이 떠나지 않았다

05시 30분, 부스스한 모습으로 우리는 알라하바드(Allahabad)역의 플랫폼에 내렸다. 얼핏 보면 가방이나 사람이나 거기서 거기인 상황이다. 그래도 이른 시각이라 붉은 상의를 입은 짐꾼들이 많아서 금방 우리의 가방을 머리에 이고는 버스로 옮겨 주었다. 내가 눈으로 본 알라하바드는 그저 뿌연 플랫폼과 '알라하바드' 라는 표지판뿐이다. 그러나 이곳은 인도에서도 꽤 유명한 곳이다.

: 이른 아침 부스스한 모습으로 알라하바드역의 플랫폼에 내렸다

: 역에 있는 짐꾼들 - 머리에 짐을 이고 나르는 보살들. 이들이 없었다면 힘들었을 것

갠지스 강과 야무나 강 그리고 사라스와티 강이 만나는 곳에 있는 알라하바드는 아소카 왕이 불교성지로 조성했던 곳이다. 그리고 무굴제국의 악바르 대제 때는 성을 쌓았던 교통의 요지다. 동쪽 100km에는 바라나시가 있고, 인근의 유명지역을 여행하기 위해서도 거의 대부분 알라하바드 역을 이용하고 있다. 힌두교도

: 어둠 속에 나타난 알라하바드라는 표지판은 몽롱하여 현실감이 없었다

들에게는 7대성지에 속하며, 힌두교의 축제가 열리는 대표적인 도시 가운데 하나가 되어 있다. 매년 1~2월에는 힌두교 축제인 '마하 멜라' 가 열리고, 12년마다 1~2월의 6주간에 '쿰부 멜라' 가 이곳 '상감' 이라는 지역

에서 열리고 있다. 특히 쿰부 멜라 때는 수천만 명의 순례자들이 다녀가는데, 워낙 사람들이 몰리다보니 매번 수백 명이 목숨을 잃는다고 한다.

알라하바드 역을 떠난 우리는 먼 길 위에 섰다. 버스로 여섯 시간 정도를 달려야만 겨우 도착할 수 있는 먼 길, 바로 부처님께서 대각(大覺)을 이루시고 성불하신 곳인 보드가야(부다가야)로 달려가야 하는 것이다.

역을 떠나자마자 우리를 반긴 것은 긴 어둠이었다. 싯다르타가 어둠 속에 성을 떠났을 때도 이렇게 앞이 보이지 않았을 것이다. 한 시간 정도를 어둠 속에 달리자 겨우 사진을 찍을 수 있을 정도로 밝아졌다. 길옆에서는 여인들이 추위를 이기기 위함인지 불을 피우는 모습도 보였다. 그리고 다시 10여 분을 달리자 왕복 4차선의 고속도로가 나타났다. 고속도로라고는 하지만 우리나라의 고속도로를 생각하면 곤란하다. 낮은 중앙 분리대가 있고 차선이 그어져 있을 뿐으로, 마을 앞에서는 누구나 도로에 들어설 수가 있을 정도이다.

: 불을 지피는 여인들은 왜 이른 아침에 나와 있는 것일까?

: 보드가야로 가는 길은 깨닫지 못한 상태의 무명처럼 안개가 자욱하였다

: 이것이 고속도로변이라면 믿을 수 있겠는가? - 아이들이 뛰어든다면?

06시 55분, 눈앞의 안개 속에 갑자기 붉은 해가 나타났다. 그 붉은 해는 마치 순례자들을 어둠으로부터 벗어나게 하여 깨달음으로 인도하려는 듯이 20여 분을 버스의 앞쪽에서 우리가 가는 길을 안내했다. 그렇게 달려 버스가 쉰 곳은 아주 작은 마을의 휴게소였다. 휴게소라고는 하지만 그저 허름한 집 한 채가 도로 옆에 서 있고, 맨땅에 탁자만 있는 식당이 있어서 그나마 요기를 할 수 있는 곳이었다. 주위에는 그저 밭이 펼쳐져 있을 뿐이다. 대체로 소변을 보기 위해서는 식당 뒤의 우거진 풀밭으로 가는 것이 편한 그런 곳이다. 사실 멀리 물통을 들고 밭을 가로지르는 사람들이 보였는데, 그들은 용변을 보기 위해 나온 사람들이었다.

주인장에게 확인한 마을의 이름은 '로삐의 마음'이라는 뜻의 '로삐간즈' 였다. '로삐'는 힌두교의 신이라고 하는데, 워낙 많은 신이 있으니 어떤 신인지는 알 길

: 안개 속에 문득 나타난 해는 버스 앞에서
계속 우리를 인도했다

이 없다. 인터넷도 도움이 되지 않았다. 잠시 밭과 풀밭을 서성이며 사진 몇 컷을 찍고 돌아오니, 김치 두 가지에 김과 야채요리 두 가지를 더하고 쌀밥을 준비한 진수성찬이 차려졌다. 평소 절에서 먹던 내 식단보다는 풍성하니 진수성찬이라고 표현함이 적절하다. 어쨌거나 대중 모두가 깔깔한 입을 달래며 아침공양을 무사히 마쳤다.

: 로삐간즈에서 만난 하얀 박꽃은
청정한 상태로 돌아가야 함을 상징하는 듯

: 우리가 아침 공양을 해결한 로삐간즈의 휴게소
- 실내에서 밖을 본 것

: 1식 5찬이니 이 외딴 곳에서 차린 식단으로는
진수성찬이 아닌가?

: 휴게소의 화물차 - 인도와 네팔 등지에서
만나는 화물차는 화려하다

08시 20분 로삐간즈를 떠나 다시 오른 고속도로는 안개로 인해 흐릿하기만 했다. 출가 초기의 내 눈에 비친 세상도 이처럼 선명하지가 못했었다. 뿐만 아니라 고속도로를 차지하고 느긋하게 움직이는 낙타의 무리는, 문득 내 젊은 시절 수행의 성취속도를 떠올리게 했다. 경전이나 어록에서는 '가르침을 듣고 바로 크게 깨닫는다.' 는 뜻의 언하대오(言下大悟)라는 말도 있었고, '한번 뛰어 곧바로 여래의 땅에 들어간다.' 는 뜻의 일초직입여래지(一超直入如來地)라는 문구도 있었으나 그저 먼 나라 남의 얘기에 불과했던 것이다. 만약 그때 포기했다면 난 보리수를 보지 못하고 말았을 것이다.

09시 05분 다리를 넘어 강을 건너는데, 강가에서는 엄청 많은 천을 빨아서 널고 있었다. 가내공업이라도 있는 것인지 아니면 특별한 행사라도 있는 것인지 궁금해서 물어보려 했으나 여행사 직원 모두 잠들어 있었다. 하지만 이 달콤한 잠도

: 고속도로의 낙타들 - 누가 고속도로라고 믿겠는가? - 인도에서는 가능하다

20분 후 버스가 기름을 넣기 위해 주유소에 들어가면서 끝나고 말았다. 인도의 시골을 다닐 때는 화장실을 만나면 무조건 들리는 것이 좋다. 그 기회를 놓치면 대자연 속에서 볼일을 봐야하기 때문이다. 그래서 대중을 다 깨워 화장실순례를 하게 했다.

10시 무렵 고속도로를 달리던 버스가 갑자기 섰다. 무슨 일인가 하여 앞을 보니 불한당 같은 사람들이 버스를 가로막고 서 있는 것이다. 손에는 몽둥이를 하나씩 들었다. 내 뇌리에 문득 목련존자의 모습이 떠올랐다.

부처님 십대제자 중에서 신통제일이셨던 목련존자는 거칠기로 유명한 집장바라문(執杖婆羅門 - 지팡이를 가지고 다니는 바라문)들을 교화하기 위해 그들이 사는 마을을 방문하여 부처님의 가르침을 설명했으나, 그들은 자기들의 신앙을 방해한다는 이유로 지팡이로 폭력을 행사했다. 비록 신통제일로 유명한 분이셨으나

: 다리를 지나며 본 강변에는 많은 천이 널려 있었다 - 무슨 강일까?

부처님의 가르침을 펴는데 신통을 쓸 수 없다는 신념으로 매를 맞으면서도 말로만 설득하려 했다. 그러나 바라문들은 더욱 화를 내며 초죽음이 되도록 두들겨 팼다. 사찰로 돌아온 목련존자는 결국 상처에 독이 퍼져 입적하시고 말았다.

버스 앞 사람들을 봤을 때 문득 목련존자의 순교가 머리를 스쳐 지나간 것은 뿌연 안개 속에 다가오는 그들의 모습이 너무 험악해 보였기 때문이었다. 그러나 알고 봤더니 지역 경계에 있는 요금징수소 비슷한 것이었다. 도로 양쪽에 돌무더기를 쌓아놓고 긴 나무를 걸쳐놓은 것이 톨게이트 비슷한 것이었다. 그들이 험악한 모습으로 겁을 주는 것은 아마도 돈을 내지 않으려는 운전사들이 많았기 때문이리라. 살펴보니 그 수입은 인근 지역의 몫인 모양이었다.

: 버스를 세우고 다가오는 불한당들?
- 요금을 징수하는 사람들이었다

11시 50분, 대중들의 요청으로 버스는 나무와 밭이 적당히 뒤섞인 곳에 멈췄다. 드디어 천지자연 속에서 생리현상을 해결하는 체험을 하게 되는 것이었다. 버스에서 내려 보니 건너편에 작은 오두막이 두어 채 있고, 그 앞에 노란 유채가 펼쳐져 있었다. 유채꽃 너머 천진한 모습의 아이들이 우릴 건너다보고 있었다. 유채와 도로의 사에는 빈 밭이 있었는데, 염소들이 묶여 있었다. 문득 어린 시절 염소를 데리고 산자락을 향하던 내 모습이 겹쳐지면서 잠시 향수에 젖었다. 어미 염소와 새끼가 따로 묶인 채로 사랑을 확인하는 광경이 조금은 안타깝게 했다.

: 생리현상을 해결하기 위해 멈춘 곳
- 유채가 가득한 정토

: 묶인 채로 사랑을 확인하고 있는
어미와 새끼염소 - 좀 측은하다

: 차창 밖에 나타난 인파 - 무슨 장날이라도
되는 걸까?

: 길가의 잡화상은 사람들이 많이 오가는
곳임을 말해 준다

13시 반경, 그저 비슷한 풍경이 계속되던 차창 밖으로 한 무리의 사람들이 보였다. 주로 여인들과 아이들의 모습이었는데, 어른들의 머리 위에는 큰 자루가 얹혀 있었다. 어디 장날이라도 선 것일까? 그러고 보니 길가에 잡화점 같은 것도 보이고 도로도 또한 복잡하다. 수레에 오토바이와 사람이 섞여 있는 것이 도시에 가까이 와 있음을 알겠다.

: 이 복잡한 도로의 상황은 우리가 도시 가까이
있음을 뜻한다

27

보드가야의 로얄 레지던시 호텔

13시 18분, 이윽고 우리는 보드가야의 한갓진 곳에 있는 로얄 레지던시 호텔(Royal Residency Hotel)에 도착했다. 3면이 논밭으로 둘러싸인 이 호텔은 외관이 온통 하얀색으로 칠해져 있어서 더위에 지친 사람들의 눈을 시원하게 해 준다. 현관 쪽에는 작은 정원에 열대수가 심어져 있었고, 그 옆에는 화분에 장미와 국화 등의 꽃들이 있었다. 마당을 둘러싼 담장에는 꽃나무가 기대어 있었는데, 꽃들은 하얗거나 붉거나 분홍의 미소를 띠고 우리를 반겨 주었다.

: 긴 흔들림 끝에 도착한 보드가야의 로얄 레지던시 호텔

: 호텔의 화분에 심어져 있던
장미와 국화

: 화분에 심어져 있던 꽃 - 이름을 모르지만
참 곱다고 느꼈다

: 호텔 담에 기대어 서 있던 꽃나무
- 수줍어 볼을 붉히는 소녀와 같다

: 호텔 담의 꽃 - 남방에 가면 흔히
만나는 꽃이지만 참 반갑다

: 호텔 담의 꽃 - 이 꽃은 좀 몽환적이다.
사람들이 꾸는 백일몽처럼

: 호텔 담의 꽃 - 누구라도 결국은
순백의 세계로 갈 것이다

노란색 나무로 만든 현관문을 열고 들어서니 일층과 이층이 팔각의 면으로 열려 있는 로비가 나타났다. 부처님께서 이루신 팔정도를 상징하는 것일까? 둘러보니 카운터 왼편으로 돌로 조성한 특이한 불상이 모셔져 있다. 오른쪽으로는 관광객을 위한 작은 가게도 있고, 카운터 옆으로는 안쪽으로 식당이 있었다.

　간밤에는 기차에서 흔들리며 선잠을 잤고, 아침공양은 안개 속에서 해결했으며, 긴 여정을 흔들리는 버스에서 졸며 깨며 달려온 대중들은 지치고 허기진 모습이었다. 이럴 땐 그저 먹는 것이 약이다. 가방을 로비에 쌓아둔 채로 모두 식당으로 이동하니 한식과 인도식의 뷔페가 준비되어 있었다.

: 로얄 레지던시 호텔의 현관 - 문의 모양이
나름의 격을 갖추었다

: 호텔의 로비는 일층과 이층이 열려 있는
구조로 되어 있다

: 호텔 로비 왼편에 모셔진 불상
- 좀 특이한 조성이다

우리가 잠시 손을 씻거나 하품을 하며 로비에서 쉬고 있는 동안 핀두가 솜씨를 발휘한 모양이었다. 관음보살이 오늘은 핀두의 모습으로 와 계셨던 것이다.

14시 무렵 공양을 끝낸 우리는 방에 들어가 잠시 쉬기로 했다. 기차에서 밤을 보냈기에 어제의 땀도 씻을 시간이 없었다. 게다가 우리는 부처님께서 정각을 이루신 보리수가 있는 마하보디사원의 참배를 앞두고 있었다. 땀을 깨끗이 씻고 정갈한 옷으로 갈아입으려면 좀 시간이 필요했고, 열여섯 시간 정도 기차와 버스에서 흔들린 몸도 안정을 취할 필요가 있었다. 게다가 밖은 불볕이었다. 우리는 더위가 한풀 꺾인 16시 반경 호텔을 출발하여 마하보디사원으로 가기로 약속을 하고는 각자의 방으로 들어갔다.

2층에 있는 호텔의 방은 정갈한 편이었고, 창밖으로 보이는 들판이 평화로워 보

: 내가 신세진 이층의 객실 - 창밖으로 들판이 바로 보인다

였다. 그 풍경이 한낮의 온도 탓인지 아른거려서 사람들로 하여금 낮잠의 유혹에 빠지게 하기에 충분했다. 어린 시절 내 고향집에는 2층으로 된 공루(空樓 - 1층은 창고, 2층은 누각)가 있었는데, 여름이면 앞 뒤 문을 열어젖힌 후 나무마루에 배를 깔고 집 앞에 펼쳐진 들판을 보는 재미가 쏠쏠했다. 물론 대개는 불어오는 바람결에 잠들어버리기 일쑤였다. 왜 갑자기 어린 시절의 공루가 생각났을까?

: 창을 열고 살펴보면 바로 이런 들판을 만나게 된다

샤워를 마치고 옷을 갈아입은 후 잠시 향을 피우고 앉아 차를 몇 잔 마시고 시계를 보니 15시쯤이었다. 카메라를 들고 베란다에 가서 건너편 풍경을 몇 컷 찍는데, 좀 떨어진 맞은 편 옥상 위에 일가족이 소풍이나 나온 듯 앉아 있었다. 1층보다는 옥상이 더 시원하게 느껴지는 것일까? 그 집 옆 공터에는 개들이 지쳐 누워 있었고, 호텔 옆 웅덩이에는 수련이 피어 있었다.

: 망원렌즈로 찍은 건너편 집의 옥상 풍경
- 일층보다 더 시원한 모양이다

: 마을 집 옆 공터에 지친 모습으로
있는 개들

: 호텔 입구에서 만난 아이들 - 말을 걸자
수줍은 듯 웃으며 지나갔다

: 호텔 옆 웅덩이에 홀로 피어
있는 수련

: 이미 핀 수련과 아직 피지 않은 수련이
사이좋게 이웃하고 있다

수련을 찍으려 호텔을 나서다가 다가오는 아이들을 만났다. 인사를 건네니 수줍은 듯 살짝 웃으며 지나갔다. 논을 가로 질러 웅덩이로 갔더니 붉은 수련이 나를 반겨 주었다. 진흙탕에 뿌리를 내리고 살면서도 개의치 않고 이처럼 아름다운 모습을 보여주는 수련이야말로 청정한 본성의 표상이다.

수련을 찍은 후 호텔 앞 도로에 서서 좌우를 살펴보았다. 호텔로 오면서 흘깃 안내판을 본 기억으로는 우리가 수자타마을과 마하보디사원의 사이에 있는 듯 했다. 그렇다면 수자타 마을의 앞에 있는 나이란자나 강변에서 육년의 고행을 끝내신 고타마보살께서 보리수가 있는 곳으로 향하셨던 그때 이 앞을 지나가셨을까? 잠시 생각에 잠겼다가 고개를 흔들어 그 생각을 떨쳐 버렸다. 어느 길로 지나가셨던들 어떠하랴. 부처님께서 남기신 오도(悟道)의 길이 너무나 분명한 것을.

: 호텔 앞 도로와 길 건너 풍경 - 부처님께서는 이곳을
지나 가셨을까?

28

보리수와 마하보디사원

16시 30분, 우리는 보리수가 있는 마하보디대탑으로 출발하여 10여 분 후 각국에서 세운 절들이 있는 거리에 이르렀다. 버스에서 내려 마하보디사원의 입구로 가는 거리는 마치 유명한 5일장 분위기와 흡사했으며, 티베트 가사를 걸친 스님들은 시골 노인들처럼 자전거를 타고 다녔다. 불쌍한 모습으로 걸인들이 오가는 사람들을 보고 있는 가운데 국제삼장암송의식(International Tipitaka Chanting Ceremony - 이런 의식이 있는 것인지 혹은 바른 번역인지는 확실하지 않음)을 알리는 노란색 아치가 서있는 입구를 지나 5분정도 더 걸어가자 '마하보디 마하비라(Mahabodhi Mahavihara - 위대한 깨달음의 대사원, 마하보디 대사원)'임을 알리는 일주문 비슷한 곳에 이르렀다.

: 보드가야의 마하보디사원 인근에는 새로 지은 각국의 절이 있다

: 사원 가까이 다가갈수록 마치 시골 5일장 같은 느낌이 들었다

: 사원의 정문 가까이에는 순례자의 자비에
기대려는 이들이 많다

: 마하보디사원의 일주문 격 - 길 오른쪽
노란 담장이 사원의 경계

　　오른쪽에 마하보디사원을 두고
곧바로 가서 다시 오른쪽으로 꺾
으면 사원의 입구가 된다. 여기서
부터는 모두가 신을 벗어야 하기
에 우리는 사원 앞 골목의 불교용
품가게에 신을 맡겨두고 사원의
정면에서 단체 사진을 찍었다. 일
몰까지 사원에 머물 예정이라 나
올 때는 너무 어두울 것이기 때문
이었다. 사원은 우리가 온 길보다
낮은 곳에 있어서 계단을 따라 제
법 아래로 내려가야만 했다. 덕분
에 입구에서 보면 사원이 한눈에
다 들어왔다.

: 동쪽 입구에서 본 마하보디사원의 전경
- 이곳부터는 신을 벗어야 함

보드가야(부다가야)의 마하보디사원과 보리수는 부처님의 사대성지(四大聖地) 중의 하나이다. 스님들은 공양을 할 때마다 소심경이라는 것을 암송한다. 그 내용 중 발우를 펴기 전에 부처님의 은혜를 생각하며 외는 '회발게(回鉢偈)'가 있다. 죽 비를 치며 모두 합장하고 부처님의 생애를 생각하며 다음의 게송을 외는 것이다.

불생가비라(佛生迦毗羅) - 부처님 카필라에서 태어나셨고,
　성도마갈타(成道摩竭陀) - 마가다국에서 도를 이루셨으며,
　설법바라나(說法波羅羅) - 바라나시에서 첫 설법 하셨고,
　입멸구시라(入滅俱尸羅) - 쿠시나가라에서 적멸에 드셨네.

두 번째의 성도마갈타가 바로 부다가야의 보리수 아래를 뜻함은 누구나 다 아는 사실이다. 만일 보드가야에서 도를 이루시지 못했다면 부처님은 존재할 수 없다. 그러므로 이곳을 가장 중요한 성지로 보는 것은 너무나 당연한 일이다. 그래서 불자라면 누구나 이곳을 참배하길 염원한다

2002년 유네스코에서 세계문화유산으로 지정한 마하보디사원은 기원전 3세기에 부처님의 성지를 참배한 아소카왕에 의해 세워졌으며, 5~6세기의 굽타왕조시대에 현재의 모습을 갖추었다고 한다. 그러나 12세기에 이슬람교도들에 의해 인근의 많은 사원들이 파괴되면서 마하보디사원도 수난을 당하게 되었다. 그 후 16세기에서 19세기까지는 미얀마 왕실에 의해 겨우 명맥을 유지하게 되지만, 16세기에 빈집처럼 버려져 있던 이 사원에 한 힌두교 수행자가 자리를 틀고 살면서 인도독립 때까지 그 관리권을 후손들이 갖게 되었다는 것이다. 그들의 지분은 사원관리공단이 운영하는 지금까지도 큰 비중을 차지하고 있다고 한다. 하긴 불교성

지를 참배하러 가보면 대부분 그 관리를 힌두교도들이 하고 있으니 어쩌겠는가. 어쨌거나 현재의 모습도 19세기에 영국인들에 의해 재건되었다고 하니, 부처님께서 설파하신 제행무상(諸行無常)의 법칙은 예외가 없다.

: 52m에 달하는 대탑은 9층 피라미드형이다

동쪽 입구에서 바라본 사원은 거대한 피라미드형 탑이다. 사각의 기단 중심에
는 9층으로 볼 수 있는 피라미드형 탑이 우뚝 솟았고, 사면에는 대탑을 축소한 형
태의 작은 탑이 사천왕처럼 시립하고 있다. 높이가 52m에 달하는 이 탑의 기단은
일반 건축물 4~5층 높이인데, 남쪽면의 중앙에 탑 안으로 들어가는 내실이 있다.
긴 복도를 지나면 부처님이 모신 불당이 있는데, 불당 안으로는 스님들만 들어갈
수 있다. 복도에서 기다리는 대중들을 생각해서 그냥 복도에서 삼배를 드리고는
돌아 나왔다.

　　밖으로 나와 다시 대탑을 보니 탑의 측면에 수많은 감실이 마련되어 있고, 감실
에는 상호가 다른 작은 불상들이 모셔져 있다. 대탑에는 기원전 1세기에 조성한
난간의 일부가 남아 있으며, 난간에는 작은 사리탑이 무수히 있고 난간 기둥에는
인드라 신상(神像)과 수리아 신상(神像) 등이 새겨져 있다. 이 거대한 사리탑과
표면에 보이는 이 무수한 불상과 조형물을 조성한 불자들의 신심은 얼마나 깊었
을까?

: 대탑 동쪽면에는 안으로 복도를 지나 불당이 있다
- 불당의 석가모니불

: 탑을 자세히 보면 무수한 감실이 있고 불상이 모셔졌으며
작은 사리탑 등이 보인다

감동에 젖어 탑의 왼쪽으로 돌아 뒤편으로 갔다. 거기 수많은 세월의 풍우를 이
겨낸 보리수가 늠름한 자태로 서 있었다. 보리수는 산스크리트어로 보디 드루마
(Bodhi druma) 또는 보디 브리끄사(Bodhi vriksa)라 한다. 경전에서는 '아쉬밧타
수 아래서 깨달음을 얻었다'라고 했으니 보리수는 아쉬밧타수도 된다. 아쉬밧타
수는 다른 말로 보오(bo), 피팔라(Pipala)라고도 한다. 대탑이 동쪽을 향하고 있는
데, 이 보리수는 대탑 뒤 서쪽에 있다. 그래서 정문에서 보면 보리수가 보이질 않
는다.

현재의 보리수는 성불하실 때의 나무가 아니다. 그러나 따지고 보면 같은 나무
라고 해도 무방하다. 스리랑카에 불법을 전할 때 원 보리수의 가지에 뿌리를 내리

게 하여 잘라서 스리랑카의 보리수사원으로 이식했었다. 그 후 보드가야의 원 보리수가 고사하자 다시 스리랑카의 보리수 가지에 뿌리를 내리게 하여 부다가야로 이식했으니 한 몸인 것이다.

십수 년 전에 스리랑카에 도움을 준 일이 있었다. 그때 스리랑카의 최고 어른 스님께서 보리수를 보내 주셔서 지금도 키우고 있는데, 보리수사원의 보리수 잔가지에 흙을 붙이고 천으로 감은 상태에서 물을 계속 주면 뿌리를 내리게 되며, 이때 잘라서 땅에 심으면 된다는 것이었다. 그렇게 해서 5년쯤 된 보리수를 보내왔으니, 개화사의 보리수도 마하보디사원의 보리수와 같은 몸인 셈이다.

: 부처님께서 정각을 이루신 자리인 보리수와 금강보좌
- 대탑의 뒤 서쪽

고타마 보살은 6년여의 극단적인 고행을 끝내고, 새로운 장소인 피팔라나무(아쉬밧타나무) 아래에 자리를 잡고, 대원을 발하고는 마지막 용맹정진에 들어가셨다. 『니다나 카타』에서는 이렇게 설명했다.

「보살은 보리수를 등 뒤에 두고 동쪽을 향하여 앉았다. 그리고는 "설령 살갗과 근육과 뼈가 닳아지고 몸의 피와 살이 말라 없어진다 해도 올바른 깨달음을 얻지 못한다면 나는 이 결가부좌를 풀지 않으리라"라고 굳게 결심했다. 수없이 많은 우뢰가 한꺼번에 내리쳐도 흐트러지지 않도록, 굴복하는 일이 없는 가부좌를 맺고 앉으셨다.」

『니다나 카타』에 의하면 마왕 파순의 엄청난 도전을 다 물리치시고 고타마 보살은 결국 성불하셨다. 그때의 모습을 그대로 재현한 불상이 바로 항마촉지인을 한 부처님상이다. 다시 말해 석가모니 상 가운데서 왼손은 발 위에 놓고 손바닥을 위로 향한 모습이고, 오른손이 무릎 아래 땅을 향하고 있는 것(항마촉지인)은 바로 보리수 아래에서 마왕파순을 항복받는 모습인 것이다.

고타마 보살께서는 보리수 아래에서 초선(初禪)의 경지에서 제4선(第四禪)의 경지까지 이르게 되는데, 그 경지를 보면 다음과 같이 설명된다.

⊙ 초선(初禪, 第一禪) - 청정한 눈으로 분별하여 선한 법과 악한 법을 관찰함으로써 욕망과 여러 악한 법을 제어하고 맑은 선법 속에 들어가 제1선(第一禪)을 증득함.

⊙ 제2선(第二禪) - 다시는 악에 물들지 않게 되자 스스로 마음이 열리어 선악(善惡)의 분별관(分別觀)을 버리고 오직 적정한 삼매의 기쁨 속에서 제2선(第二禪)을 증득함.

⊙ 제3선(第三禪) - 선악(善惡)의 분별을 떠난 기쁨을 버리고, 대상과 스스로의

마음작용에 대하여 의도와 욕구를 모두 여의자, 몸과 마음의 괴로움이 모두 제거되어 없어지고 편안함과 선정의 기쁨이 커지는 제3선(第三禪)을 증득함.

⊙ 제4선(第四禪) - 괴로움에 얽매이거나 즐거움에 안주하지 않고 무고무락(無苦無樂)의 경지도 모두 버리고, 이윽고는 평상심이 유지되고 더 이상 괴로움과 즐거움의 분별도 사라지는 선정의 단계인 제4선(第四禪)에 이르게 된다. 이때 비로소 세상을 바로 보는 지혜가 발현된다.

이제 보살은 경계를 분별하던 모든 업장으로부터 벗어나, 청정한 마음으로 경계의 벽을 넘어 장막에 가리었던 세상의 실체를 참담게 꿰뚫어 보게 되었다. 이것이 모든 존재의 참다운 모습인 제법실상(諸法實相)을 체득한 경지이다.

초저녁에 천안통(天眼通)을 증득하신 보살은 지옥·아귀·축생·아수라·인간·천상의 중생들이 받는 인과의 세계를 살피신 후, 크게 가엾이 여기는 마음을 내어 탄식하셨다. "아! 중생들의 세계는 실로 모든 것이 고통일 뿐 즐거움이 하나도 없구나."

한밤중에 이르러 모든 존재의 지나온 과거와 미래를 꿰뚫어 보는 숙명지통(宿命智通)을 증득하신 보살은 자신과 타인의 나고 죽는 삶의 과정과, 하나의 생명에서 시작하여 우주생성의 모든 시간대를 통하여 모든 존재들이 성(成-이루어짐)·주(住-유지됨)·괴(壞-허물어짐)·공(空-빔)의 과정으로 변화하는 것을 모두 관찰하여 확연히 아시게 되었다.

다음으로 보살은 생로병사(生老病死)하는 윤회의 고통 속에서 헤어나지 못하는 중생들을 살피고, 그 원인을 찾아 중생을 윤회의 고통으로부터 해탈시킬 방법을 관하셨다. 이윽고 노(老)·병(病)·사(死)는 생(生)으로 인해 있으며, 생(生)은 유(有)·취(取)·애(愛)·촉(觸)·육처(六處)·명색(名色)·식(識)·행(行)을 거처 무명(無明)으로 인하여 비롯된 것임을 살펴셨다. 보살은 인간 삶의 열두 고리의 연관(十二因緣)을 처음부터 끝까지 생성하는 순서대로 관찰하시고(순관順觀), 다시 소멸시키는 방법을 관찰하셨다(역관逆觀).

보살은 인연법을 관찰하시니

「이른바 저것이 생기므로 인해 이것이 생기고,

　저것이 있으므로 인해 이것이 있으며,

　저것이 멸하므로 인해 이것 또한 멸하고,

　저것이 없으므로 인해 이것 또한 없다.

곧 무명으로 인해 제행이 일어나고 이윽고는 모든 고통이 생겨나며, 무명이 소멸되면 인간의 고통도 소멸되는 것이다. 만약 청정한 눈과 행이 있어 세간을 관하면 곧 이렇게 서로 생멸함을 보리니, 곧 모든 법이 인연임을 알리라.」

보살은 새벽녘이 되자 번뇌가 다 사라져버린 누진신통(漏盡神通)을 증득하시고, 고(苦)·집(集)·멸(滅)·도(道)의 사성제(四聖諦)로써 생사고통의 사슬을 끊고, 모든 중생을 제도할 신통을 체득하셨다.

그때에 보살은 동쪽하늘의 새벽별을 보는 순간 최고의 깨달음인 무상정등정각(無上正等正覺)을 증득하시고, 큰 소리로 세상에 알리셨다.

"이제 어둠의 세계는 타파되었다.

내 이제 다시는 고통의 윤회에 들어가지 않으리.

이것을 고통의 최후라 하며,

이제 여래의 세계를 선포하노라."

『방광대장엄경』

"지난 옛적에 지은 공덕 그 이익으로,

마음에 생각한 것 다 이루었네.

빠르게도 그 선정의 마음을 증득하고,

저 열반의 언덕에 이르렀네.

이미 모든 괴로움 다 없애고,

일체 모든 죄를 다 제거해 없앴네."

『불본행집경』

부처님께서는 정각을 이루신 후 보리수 아래를 칠일마다 옮기길 일곱 번 하시면서 해탈의 법열을 즐기셨다. 49일이 지나는 동안 부처님께서는 이 해탈의 기쁨으로 양식을 삼아 어떤 음식도 드시지 않은 채 증득한 깨달음과 중생들을 살피셨다.

『과거현재인과경(過去現在因果經)』에서는

「나는 이곳에 있으면서 온갖 번뇌를 다하고 할 일을 다 마쳤으며 본래의 원이 원만히 이루어졌는데, 내가 깨달은 법은 매우 깊고 어려워서 오직 부처님만이 알 수 있을 뿐이다. 일체중생들은 오탁의 세계에서 탐(貪)·진(瞋)·치(癡)·사견(邪見)·교만(驕慢)·아첨(阿諂) 등에 막히고 가려서 박복하고 근기가 둔하여 지혜가 없는데, 어찌 내가 깨달은 법을 알 수 있겠는가. 내가 만약 법륜을 굴리게 된다면 그들은 반드시 혼동이 되어 믿지 못하고 비방하며, 장차는 나쁜 길에 떨어져서 여러 고통을 받으리니, 나는 잠자코 열반에 들리라.」고 서술하고 있다.

그렇지만 부처님께서는 수많은 중생들의 염원을 결코 잊지 않으셨다. 중생들의 염원은 범천(梵天)이 진리를 설하시길 청하는 내용으로 나타나고 있다.

"세존이시여, 먼 옛날로부터 무수한 생사고해에 머물면서 보시를 함으로써 도를 구하신 것은 오로지 중생을 위하는 자비심에서 나온 것이었습니다. 지금 세존께서는 비로소 위없는 도를 이루셨는데, 어찌하여 침묵을 지키며 법을 설하시지 않나이까?

중생들은 오랜 세월 동안 수렁에 빠지고 무명의 암흑 속에 떨어져 있어서 뛰쳐나올 기약이 없습니다. 그러하오나 많은 중생들 가운데에는 지나간 세상에 선한 벗을 가까이하여 덕의 바탕을 쌓아 부처님의 법을 듣고 받아 지닐 만한 사람들이 있나니, 법의 바퀴를 굴리소서."

우리는 보리수의 남쪽에서 예불을 올린 후 석가모니불 정근을 하였다. 함께한 대중들은 아마도 생애 가장 경건한 예불과 기도를 했을 것이다. 기도가 끝나고 가이드의 설명이 시작되자 나는 혼자 탑돌이에 나섰다.

: 보리수와 금강보좌를 향한 예불 - 대중들은
가장 뜻 깊은 예불을 올렸을 것이다

: 보리수 곁 대탑의 감실에 모셔진 부처님
- 그 미소가 참으로 환희롭다- 항마촉지인

보리수를 지나자 한 무리의 대중이 있고 마이크로 법문을 하고 있었다. "부처님께서 성불하신 이 자리에서 무슨 법문이 필요하다고…" 속으로 생각하며 탑의 북측을 향하니 티베트 스님이 오체투지를 하고 있었다. 그 옆으로 티베트 스님들과 불자들의 기도하는 장소가 보였다.

: 보리수 아래에서 마이크로 법회를 하는 사람들
- 우리가 예불 올린 반대편

: 대탑의 바로 곁 통로에서
오체투지를 하는 티베트 스님

: 사원의 북쪽 통로를 사이에 두고 탑을 향해
오체투지하는 티베트 불자들의 장소

: 대탑 안의 불당에 들어갈 수 없는 사람들이
밖에서 기도하고 있다

내가 세 번의 탑돌이를 하는 동안 가이드와 함께하는 대중은 뱀의 호수를 향하고 있었다.

대탑의 남쪽에 있는 뱀의 호수는 부처님께서 정각을 이루신 후 36일째에서 42일이 되는 날까지 선정에 드셨던 장소이다. 이 기간에 엄청난 폭우가 내렸는데, 그때 킹코브라가 나타나 선정에 드신 부처님의 몸 위에 자신의 몸을 펼쳐 부처님을 폭우로부터 보호했다고 전한다.

: 뱀의 연못 - 제6주째 선정에 드신 부처님을
폭우로부터 보호하는 킹코브라

우리가 마지막으로 이른 곳은 부처님께서 성도 후 43일째로부터 49일이 되는 날까지 선정에 드셨던 곳이다. 이곳도 대탑의 남쪽이다. 이 기간에 부처님께서는 일체 중생의 교화를 결정하셨다. 안내판에는 이렇게 설명하고 있다.

「라자야따나(Rajayatana)-부처님께서 깨달음을 이루신 후 제7주째 이곳에서 선정에 드셨다. 선정이 끝나자 '따뿌싸' 와 '발리까' 라는 두 상인이 부처님께 떡과 꿀을 공양올리고는 부처님께 귀의하고 부처님의 가르침에 귀의했다. (그때는 아직 승가가 이루어지지 않았다)」

부처님의 삼신 중에 보신(報身)이 있다. 부처님 깨달음의 본체를 법신(法身)이라고 한다면, 성도 후의 49일은 보신으로서의 부처님이라고 할 수 있다. 그리고 중생교화의 모습은 바로 화신(化身)의 부처님이시다. 이처럼 일곱 번째의 7일은 참으로 중요한 기간이다.

일곱 번째 선정의 장소에서 마하보디사원의 참배를 마감하며 우리는 그 자리에 오래오래 머물렀다. 마치 대탑의 주위에 있는 많은 사리탑들처럼……

: 완전히 어두워지자 사방에서 조명이
대탑을 비춰 환상을 만들었다

: 대탑의 남쪽면에 있는 감실에
모셔진 불상 - 설법인

: 대탑 주위에는 작은 사리탑이 많이
보인다

RAJAYATANA (A KIND OF FOREST TREE)
AFTER ENLIGHTENMENT LORD BUDDHA SPENT
THE SEVENTH WEEK HERE IN MEDITATION. AT THE END
OF MEDITATION. TWO MERCHANTS-TAPUSSA AND BHALLIKA
OFFERED RICE CAKE AND HONEY TO THE LORD AND TOOK REF
UGE-BUDDHAM SARANAM GACCHAMI. DHAMMAM SARANAM
GACCHAMI (SANGHA WAS NOT FOUNDED THEN).

: 정각을 이루신 후 제7주째 선정에 드신
곳임을 알리는 안내문

수자타 마을과 전장각산

전날의 일정이 좀 힘들었기에 저녁 10시경 잠자리에 들었던 관계로 넉넉하게 숙면을 취하고 일어난 시각이 새벽 3시였다. 반신욕과 삭발을 마친 후 어제의 일들을 노트에 정리한 후 가져온 『대승기신론(大乘起信論)』을 모처럼 열었다. 범어사불교전문강원과 중앙승가대학교 재학시절에 가장 힘들여 공부한 논서(論書)인데, 1~2세기에 사셨던 저자 마명(馬鳴)스님(흔히 보살이라고 칭함)의 땅 인도에서 다시 한 번 읽고 싶었던 것이다. 이 논서는 우리 마음을 규명하고 갖가지 실천으로 깨달음에 이르게 하는 것이 목적이다.(구체적인 설명은 생략함)

오늘의 일정도 어제에 못지않기에 06시 30분에 체크아웃을 하고, 가방을 챙겨 호텔 식당으로 이동했다. 뷔페는 근사하게 차려졌지만 어차피 내겐 눈으로만 즐길 메뉴였다. 여행 때에만 누리는 호사인 아침공양은 죽 한 공기로 충분했다. 공양을 마치고 마당으로 나오니 호텔 직원과 꼬마들의 실랑이가 한창이다. 호텔 투숙객에게 손을 내미는 아이들을 직원들이 막느라 애를 먹고 있었다. 하지만 가만히 살펴보니 짠 각본대로 움직인다는 것을 알 수 있었다. 손님들은 떠나면 그만이지만 아이들은 늘 그 자리에 있을 것이기 때문에, 막는체하면서 손님들의 동정심을 자극하는 것이었다. 7시 40분, 우리는 아이들을 뒤로하고 호텔을 떠났다.

: 로얄 레지던시 호텔 식당의 뷔페식 아침공양
- 내겐 눈요기감

: 호텔 정문 앞에 앉아 있는 아이들 - 손님이 가까이
다가가면 순식간에 몰려든다

수자타 마을을 향하는 길은 짙은 안
개로 가시거리가 50여m쯤 되는 것 같
았다. 마치 무명의 세계에 머물던 그
때처럼 모든 것이 흐릿하기만 했다.

그런 길을 16분 쯤 달렸을 때 차창 밖으로 한글 '여래선원' 이라는 안내판이 나타
났다. 가이드에게 물어봤지만 그 절에 관한 자세한 설명은 들을 수 없었다.

: 수지타 마을로 가는 길은 짙은 안개 속에 조금씩 모습을 보여 주었다

8시 10분경에 수자타 마을 입구에 내렸다. 천천히 걸어 들어가는데 제일 먼저 눈에 들어온 것이 건물 벽에 붙어서 말리는 쇠똥이었다. 어느 책에선가 쇠똥을 말려 연료로 사용한다는 설명을 본 기억이 났다. 몇 걸음 걷지도 않아서 아이들이 몰려왔다. 그들의 손에는 기부를 권하는 공책들이 들려 있었다. 바로 그때 '여래학교

: 도중에 만난 여래선원이라는 한국사찰 안내판
- 자세한 설명을 해줄 사람이 없다

(如來學校)'라는 한자 밑에 한글로 '타가트 한국학교입니다. 방문해 주세요'라고 적어놓은 안내판이 보였다. 대중들이 기부해 달라는 요청을 받고 어떻게 해야 할지를 몰라서 가이드에게 물어봤더니 돈을 벌기 위한 수단이라는 답이 돌아왔다. 한국 사람들이 기부를 잘하기 때문에 간판도 가짜로 만들어 세우고, 아이들에게 한국말 몇 마디를 가르쳐서 여행객들에게 가짜로 만든 기부 공책을 보여주며 강권한다고 했다. 경전에까지 그 이름을 남긴 수자타가 살던 곳이 어찌 이렇게 변해버렸을까?

: 집 벽에 쇠똥을 호떡처럼 만들어
붙여서 말리고 있다

: 관광객 또는 순례자들에게 돈을 얻어내기 위해
가짜로 만든 학교 안내도

공책을 든 아이들을 떨쳐버리고 마을 깊숙이 들어가니 넓은 공터가 있고 볏단 낟가리가 서 있었다. 순간적으로 추억은 세월을 수십 년 돌려 늦가을 고향집에 서 있게 했다. 어찌 이리도 닮은 모양인가? 조금 전까지 끈질기게 따라붙던 아이들 과는 달리, 이곳에 있던 아이들은 과자를 주어도 쉽게 받지 못할 만큼 수줍음을 탔다. 수자타의 모습도 이처럼 수줍음 많은 처녀가 아니었을까?

공터 오른쪽으로 수자타의 공양을 기념해 세웠다는 탑이 많이 훼손된 모습으로 아랫부분만 남았고, 그 옆에 작은 둔덕이 있었다. 우리는 그곳에 올라 사람들이 오가는 들판 너머로 고타마보살께서 고행을 하셨다는 숲을 바라보았다. 숲 위로 사원의 지붕 부분이 약간 보였다. 그 옛날 그 아래 어디쯤인가 비쩍 마른 수행자 가 있었다. 6년이란 세월동안 목숨을 걸고 수행을 했건만 해탈의 소식은 아득하 고, 금방이라도 꺼질 것 같은 육신을 겨우 지탱하고 있던 고행자가 있었다. 유명 한 고행자로 생을 끝낼 것인가, 아니면 출가할 때의 목적이었던 진정한 해탈을 이 룰 것인가? 함께 수행하던 다섯 출가자의 절대적 믿음을 받고 있었던 고타마 보

: 수지타 마을의 공터에 있는 볏짚 낟가리 - 어릴 때 뛰어놀던 그 마당 닮았다

살은 바위처럼 꼼짝 않던 몸을 일으켜 한 걸음 한 걸음 힘들게 움직였다. 그리고는 얼마 떨어지지 않은 네란자라(Neranjara) 강으로 들어가 6년만의 목욕을 하였다. 겨우 몸을 지탱하며 다시 강변으로 나온 고타마 보살은 지쳐 쓰러져버렸다. 마침 그때 그곳을 지나가던 수자타라는 처녀가 집으로 달려가 우유죽을 쑤어 가져와 공양 올렸다. 그것을 본 다섯 수행자는 고타마가 타락했다며 떠나갔다.

수자타의 공양에 대해서는 또 다른 얘기가 있다. 부유한 상인의 딸인 수자타는 여종과 함께 목신(木神)에게 바칠 우유죽을 가지고 큰 나무를 찾아갔다. 나무 아래에는 앙상한 몸에 눈빛만 반짝이는 고행자 고타마 보살이 있었는데, 목신으로 착각한 수자타가 공양을 올렸다는 것이다. 아마도 현지에서는 이 얘기가 전해지고 있는 듯 했다. 그렇다면 착각해서 올릴 공양으로 경전에 수자타의 이름이 올랐다는 것인가? 이 얘기가 경전에 전해진다는 것은 부처님께서 제자들에게 언급을 하셨기 때문이며, 수자타라는 이름의 처녀가 진심으로 올린 공양임을 아셨기 때문에 말씀하셨을 것이다. 따라서 앞의 얘기가 좀 더 설득력이 있다.

: 수자타 공양탑 앞의 둔덕에서 건너다 본 고행림의 원경

: 수자타 마을과 고행림 사이에 있는 논밭에
마을 사람들이 오가고 있었다

: 수자타 마을과 전정각산에 대한
설명을 경청하고 있는 대중

고행림(苦行林)쪽을 바라보던 내 뇌리에 파키스탄 라호르박물관에 모셔져 있는 간다라 시대에 조성한 고행상이 떠올랐다. 파키스탄 정부의 초청으로 갔었기 때문에 그들의 일정대로 움직이는 여행이었는데, 라호르박물관에서는 안내 설명을 뒤로하고 곧장 고행상 앞으로 가서 30여 분을 앉아 있었다. 뼈만 앙상한 모습이었으나 깊게 들어간 눈을 마주보고 있는 동안 내게도 그 고요함이 전해져 왔었다. 대중들이 기다린다고

: 파키스탄 라호르박물관의
석가모니 고행상

가이드가 재촉하는 바람에 더 오래 앉아 있지 못함을 아쉬워했던 기억이 되살아
났던 것이다.

고행림 너머로 안개 속에 신기루처럼 전정각산(前正覺山)이 떠 있었다.
고행을 끝내신 고타마 보살께서는 동쪽에 있는 산으로 올라가 적당한 수행처를
찾았다. 그때 대지가 크게 흔들리자 산신이 놀라서 달려와 부처님을 맞으며 말씀
드렸다. "이곳은 도를 이루시기에 적당히 곳이 아닙니다. 서쪽으로 가시면 큰 보
리수가 보살을 맞이하실 것입니다." 그 말을 들은 고타마 보살께서 산을 내려오
시다가 한 동굴에 들리시게 되었는데, 그 동굴에 살던 용이 그곳에 머무시며 도를
이루시라고 간청을 했다. 부처님께서 당신의 그림자를 그곳에 남겨 두시고 떠나
셨는데, 그 연유로 유영굴(留影窟)이라고 불리게 되었다.
시간만 넉넉하다면 전정각산에도 올라보고 고행림도 밟아보련만, 시간이 넉넉
지 못한 우리로서는 그저 바라보는 것으로 만족해야 했다.

: 안개 속에 신기루처럼 떠 있는 전정각산의 원경
- 17km 전방이라 했던가?

둔덕에서 내려오자 처음부터 우리를 지켜보며 기다리고 있던 노인이 우리를 맞았다. 자신을 수자타 공양기념탑의 관리자라고 소개한 노인은 몇 가지 설명을 덧붙였다. 고맙다는 뜻으로 약간의 성의를 표한 후 함께 기념촬영을 하고는 탑을 둘러보고 돌아 나왔다. 탑에서 멀지 않은 곳에 있는 마을집 앞에 경전에 자주 등장하는 흰 소(白牛)들이 쉬고 있었고, 그 곁에서는 불에 올린 알루미늄 용기에서 김이 나고 있었다. 수자타의 우유죽도 저렇게 쑨 것이었을까?

: 탑의 관리인 겸 안내인이라고
자신을 소개했던 남자

: 둔덕에서 바라본 수자타 공양기념탑 - 기단부만 남아 있는 형태

: 수자타 마을 집앞에서 쉬고 있는 소들 - 어린 소녀와 친구처럼 보인다

: 어느 집에서 알루미늄 용기로 무언가를 끓이고 있다 - 참 많이 어설퍼 보인다

30

수자타 마을에서 왕사성으로

수자타 마을에서 1시간여를 보낸 우리는 다음의 일정을 위해 발걸음을
돌렸다. 네란자라 강을 건너기 전 작은 상가를 이룬 곳에 사람들이 모였기에 잠시
차를 세우고 채소 거래하는 것을 살폈다. 오전 이른 시각에 농부들이 채소 등을
가지고 나오면 식당을 운영하거나 하는 사람들이 와서 산다고 했다.

: 시골의 아침 장터 - 주로 야채 종류가
거래된다고 했다

잠시 구경을 하고는 네란자라 강변으로 향했다. 인도의 시골을 여행할 때는 어지간히 큰 식당 등이 아니면 화장실을 기대하기가 어렵다. 그러므로 풀이 우거진 곳이 있으면 그때마다 적당히 생리현상을 해결하는 것이 좋다. 강변에는 키보다 더 큰 억새가 우거져 있어서 수십 명의 사람이라도 금방 몸을 감출 수 있었다.

: 네란자라 강변의 억새 - 사람 키보다 커서
몸을 감추기에 좋다

강은 건기라서 모래바닥을 드러낸 채 사막에 뱀이 기어가듯 도랑처럼 흐르고 있었다. 그 너머로 마하보디 대탑이 이정표처럼 서 있다. 고타마 보살께서는 이 모래사장을 걸어 저 도랑 같은 네란자라 강을 건너셨을 것이다.
버스에 올라 창밖을 보니 전정각산이 소처럼 길게 누워 있었다.

: 네란자라 강 건너로 보이는 마하보디 대탑
- 꽤 먼 거리인데도 가까이 보인다

: 차창 밖으로 전정각산이
소처럼 누워 있는 모습이 보였다

버스가 강을 건너자 곧 등교하는 학생들이 보였다. 우리나라 학생들처럼 종종걸음을 치지 않고, 얘기를 나누며 여유롭게 걷고 있는 모습이 훨씬 보기 좋다는 생각이 들었다.

: 등교하는 여학생들의 모습이 우리나라
학생들보다 여유롭다

인도여행에서 자주 만나는 풍경 하나는 나무땔감을 싣고 가는 우마차나 트랙터이다. 시골에서의 연료는 여전히 나무가 가장 중요한 모양이다. 실제로 작은 식당의 뒷마당에는 나무를 때며 요리하는 것을 쉽게 볼 수 있었고,

: 땔감을 싣고 가는 경운기
- 인도에서는 흔히 볼 수 있는 풍경이다

가정집에서의 요리 또한 나무로 했다. 나무를 구할 수 없는 형편이면 말린 쇠똥을 사용한다고 했다.

옛 마가다의 수도였던 라자그리하(Rajagriha, 왕사성 현재명은 라지기르 Rajgir)로 가는 길은 오래된 국도로 보였다. 왕복차선이긴 했으나 그렇다고 우리네 국도를 생각하면 오산이다. 그저 앞을 가로 막는 것이 있으면 여유롭게 천천히 해결하면서 앞으로 가는 그런 길이다. 그러나 이것도 이전에 비하면 엄청 좋아졌다고 한다.

다리를 건널 때마다 만나는 마른 강바닥을 보면서 물이 가득한 우기(雨期) 때를 상상해 봤지만, 미얀마 등을 여행하면서 만났던 우기를 떠올리자 곧 고개를 저어 떨쳐버렸다. 오래전 미얀마 성지순례를 할 때는 우기가 끝나는 무렵이었지만 비가 내리자 버스의 시야는 불과 10m쯤으로 좁아지고, 주변의 밭보다 높은 도로까지 순식간에 물바다가 되면서 물위를 달리는 수상버스가 되었던 것이다. 물 위에 떠있는 가로수만이 우리가 도로 위에 있다는 징표였었다. 이런 상황이 되기에 인도에서 수행자들의 안거(安居 - 한곳에 머물면서 수행하는 것)제도가 만들어진 것이다.

: 인도의 건기에는 늘 이런 강을 봐야 한다
- 우기가 되면 물이 넘칠 듯 흐른다

마을과 마을 사이의 빈터를 지나는데 멀리 여러 개의 천막을 친 것이 보였다. 시골의 5일장 같은 것인가 하고 살펴보니 소를 파는 시장이었다. 소를 신성시하는 힌두교도들이 대부분인 인도에서 이것이 어찌된 일일까? 젖소를 파는 것일까? 그런데 꼭 그런 것만도 아닌 것 같다. 하긴 일하는 소를 사고 팔수도 있겠다는 생각이 든다.

들기로는 소에게도 여러 단계의 지위(?)가 있다고 하였다. 힌두교도들이 신성시하는 소는 털이 하얗고 몸집이 아주 크며 어깨에 불룩 혹이 솟아있는 암소를 가리킨다고 했다. 소들도 태어나면서부터 신분이 정해진다고 하니 과연 카스트제도의 인도이다.

: 멀리 천막 있는 곳이 소시장이다
- 소를 신성시하는 인도에서도 소시장은 있었다

길을 가다가 좀 큰 마을만 나타나면 거기 상점들이 있고 인파는 뒤엉켜 있다. 바쁘다는 생각만 내려놓고 그들을 살피면 또 다른 즐거움이 된다. 길가에는 낡은 손수레에 장치를 하여 먹을거리를 만들어 파는 이도 있고, 제법 근사한 가게에서 자리를 마련해 두고 손님을 받는 곳도 있다. 형편이야 어떻건 모두 자신의 삶을 열심히 사는 모습들이다.

: 길가에서 아침식사를 해결하는 사람들
- 인도에서는 흔한 모습이다

: 제법 손님이 많은 가게 - 카메라를 향해
웃어 주는 모습이 아름답다

9시 20분경 버스가 멈춘 채 앞으로 갈 생각을 하지 않았다. 앞쪽을 보니 오래되어 금방이라도 무너질 것 같은 좁은 다리 위로 화물차들이 거북이걸음으로 건너오고 있었다. 건너편의 차들이 다 건너올 때까지 우리 버스는 한쪽에서 기다리고 있었다. 참 오래 기다린 끝에 엉금엉금 우리가 탄 버스도 그 다리를 건널 수 있었다.

: 금방이라도 무너질 것 같은 낡은 다리 위로 화물차가 건너오고 있다

비슷비슷한 경치를 즐기며 40여 분을 달리던 버스가 또 멈춰 섰다. 이번에는 인파에 막혔다. 길가에 4,5층짜리 건물이 있는 것으로 보아 우리가 온 길에서 가장 큰 동네인 듯 했다. 비록 버스가 달팽이 걸음을 하고 있었지만 내겐 참 흥미롭고 좋았다. 큰 도시의 혼잡과는 다른 순수한 혼돈 같은 느낌이었다. 마음 같아서는 버스에서 내려 인파 속을 걸으며 이리저리 기웃거리고 싶었지만, 대중이 흩어졌을 때의 난감함을 예상하며 꾹 참고 말았다.

: 도시의 혼잡과는 달리 정감이 가는 혼잡
- 내려서 어울리고 싶었다

　인파를 뚫고 나온지 15분 후 다시 다리 하나를 지났다. 창밖을 보니 웬일로 강에는 물이 그런대로 넉넉했다. 강물의 양으로 보아 우리가 큰 산 가까이 이르고 있는 모양이다. 그렇다면 영취산이 가까이 있을 것이다. 고등학교 때 『법화경』을 독송하며 장엄한 법회가 펼쳐지는 곳으로 내 머리에 각인된 영취산이며, '염화미소(拈花微笑)'를 통해 또 한 번 뇌리에 박힌 영산(靈山)이 멀지 않은 곳에 있다는 사실이 참으로 꿈같았다.

: 드디어 강물이 많은 곳에 이르렀다 - 강물을
보면서 영취산이 떠올랐다

이런저런 생각에 젖어 있는데 다시 버스가 섰다. 대중들의 생리현상을 해결하기 위함이었다. 작은 나무들이 군락을 이루고 있는 밭두렁 너머로 대중들이 사라졌다. 나도 군락에 들어갔다가 나와 앞쪽에 있는 밭에 카메라를 들이댔다. 빨간 콩 꽃이 앵글에 들어왔고, 다음으로 도라지꽃을 닮은 꽃들이 내게 미소를 보냈다.

: 아주 멋진 자태를 뽐내는 붉은 콩꽃
- 어릴 때 많이 보던 것이다

: 내게 미소를 보내 준 꽃 - 얼핏 보면
도라지꽃 같으나 도라지는 아니었다

31

영취산 여래향실

10시 31분 눈에 보이는 풍경이 문득 깨끗해졌다. 도로변이 정리되어 있고 꽃도 풍성하게 피어 있었다. 우리는 영취산 아래의 마을에 이른 것이다. 이 마을 사람들은 영취산 때문에 생활이 가능하다고 해도 과언이 아니란다. 그래서 비록 힌두교도들이지만 관광객을 맞이하기 위해 최선을 다한다는 설명이었다.

: 영취산 아래 마을에 이르자 도로도 주변환경도 잘 정리된 느낌이 들었다

버스에서 내려 몇 분을 걷자 곧 영취산에 오르는 초입에 이르렀다. 길가 시멘트로 만든 의자에 앉아 있던 힌두교의 수행자인 사두(sadhu)가 무언가를 쓰고 있다가 내게 손을 들어 반가움을 표했다. 본디 사두란 은둔해서 수행에만 전념하는 힌두교의 수행자를 일컫는다. 그러나 요즘은 사람이 많이 방문하는 관광지에서 구걸하는 사두들을 쉽게 만날 수 있는데 가짜도 많다고 했다.

: 영취산 오르는 길목에 있던 힌두교 수행자인 사두가
손을 들어 인사하고 있다

영산회상으로 오르는 길은 아주 넓게 포장되어 있었고, 오르는 높이에 따라 계단식으로 정리되어 있었다. 그 옛날 석가모니부처님께서 오르내리셨던 길이며. 빔비사라왕을 비롯한 수많은 신자들이 부처님의 가르침을 받고자 오르내렸던 길이다. 그러니만큼 이 길은 2500여 년 전에도 잘 정리된 길이었을 것이다.

참배하기에 적당한 시간이었는지 올라가는 사람과 내려오는 사람으로 인해 얼마간은 복잡했다. 길가에는 보시를 바라는 이들이 천으로 얼굴까지 거의 가린 채로 앉아 있었는데, 그들은 손에 작은 빗자루를 가지고 있다가 자기 앞의 길을 쓸 곤 했다. 길을 쓰는 공덕으로 가족을 먹여 살릴 수입을 기대한 것이었을까?

: 우리 앞에 일본 성지순례자들이
부지런히 오르고 있었다

: 계단마다 순례자들의 보시를 기다리는
이들이 온몸을 가린 채 앉아 있다

중간쯤 이르렀을 때 내려오는 참배객들을 만났다. 대만의 불자로 보이는 그들의 머리 위로 멀리 독수리봉우리가 보였다. 벽돌로 담을 쌓은 곳이 여래께서 법을 설하셨던 곳이리라. 망원 카메라로 당겨 보니 몇 사람이 담소를 하기도 하고 사진을 찍고 있는 모습이 들어왔다. 대중들의 발걸음이 가벼워지고 있는 것은 아마도 신심이 충만해져 있기 때문이리라.

: 일찍 순례를 마치고 내려오는 이들의 뒤로
영산회상이 보인다

: 망원으로 당겨서 가까이 본 영산회상

: 영산회상으로 오르는 길 - 독수리 봉우리가 오른쪽에 있음

머리위에 영취봉을 바라보며 왼쪽으로 살짝 비껴 작은 다리를 건너서 봉우리를 오른쪽에 두고 계속 오르다가 길이 급하게 오른쪽으로 꺾이면서 계단도 급해졌다. 숨을 몰아쉬며 오르자 중간에 깊지 않은 석굴이 나타났다. 이곳은 사리불존자께서 머무시던 곳이었다고 한다. 시계를 보니 산의 초입에서 30여 분이 걸렸다. 석굴 안에는 외국의 스님과 신자들이 좌선을 하고 있었기에 우리 일행은 부득이 굴 밖에서 설명을 들었다. 앞쪽의 안내판에는 7세기의 중국 순례자인 현장스님이 석굴 안에서 점토로 구운 시주자판을 발견했었다고 설명되어 있다.

: 사리불존자의 처소였다는 석굴 - 명상에 든
외국 순례단과 설명을 경청하는 대중

STONE HOUSE
THESE TWO CAVES MAY REPRESENT THE
STONE HOUSES ON THE GRIDHRAKŪṬA HILL
SEEN BY THE CHINESE PILGRIM HIUEN TSANG IN
THE 7TH CENTURY A.D. INSIDE ONE WERE FOUND
BAKED-CLAY BUDDHIST VOTIVE TABLETS.

गृध्रकूट की गुफाएं
इन गुफाओं में संभवतः भगवान बुद्ध C ५८३ - ४६३
ई पू २ और उनके शिष्य ठहरा करते थे। इनमें से एक के
भीतर पकी मिट्टी के टिकरे मिले हैं जिन पर बौद्ध मूर्तियां
और सूत्र खुदे हैं।

: 7세기 현장법사께서 다녀갔음을
밝히고 있는 안내판

설명을 들으며 잠시 숨을 고른 뒤 다시 급한 경사의 계단을 오르니 곧 눈에 익은 풍경이 나타났다. 오래전에 책에 실린 사진에서 봤던 장소였다. 그 책에서는 영취산의 석굴로 소개했던 곳이라서 나는 '**그곳에 꽤나 큰 석굴이 있고, 비가 올 때면 부처님과 제자들이 함께 저 안에 머무시었구나.**' 하고 착각을 했었다. 그도 그럴 것이 그 책의 사진에 나온 석굴(?) 앞의 공터도 아주 넓게 보였기 때문이었다. 그

러나 현장에 도착해서 본 것은 석굴도 아니었고 설법하신 곳도 아니었다. 실제로는 부처님께서 머무셨던 곳의 바로 아래 장소로, 바위틈에 제법 큰 나무가 있어서 마치 석굴처럼 착시현상을 일으켰던 것이었다.

: 어느 책에서 영산회상으로 소개했던 곳
- 나무 뒷쪽이 여래향실

착각의 장소에서 오른쪽 바위를 끼고 급한 계단을 오르는데 사진에서 많이 본 바위가 나타났다. 대략 한 길 정도쯤 되는 독수리 모양의 바위였다. 계단을 포함한 전체적인 큰 바위만 보며 무심코 지나치면 그 위에 독수리 모양의 작은 바위가 붙어 있는지도 모를 수 있는 그런 바위에서 영취산이라는 이름이 유래되었다는 것이 믿기지 않았다.

내가 이 영취산과 처음 인연을 맺은 것은 고등학생 시절이었다. 그때 어느 스님에게서 선물로 받은 『묘법연화경(妙法蓮華經)』을 펼치니 이렇게 시작되었다.

「**이렇게 내가 들었다. 어느 때 부처님께서는 왕사성 기사굴산 중에서 큰 비구대**

: 여래향실로 오르는 마지막 계단

: 영취산이라는 이름이 한 길 정도의 이 바위에서 유래되었다고 함

중 1만 2천인과 계시었다.

-중략-

또 보살마하살 8만인이 있었으니, -중략-

그때 석제환인과 그의 권속 2만 천자와 함께하였고, 또 명월천자 보향천자 보광천자 사대천왕이 그의 권속 1만 천자와 함께하였으며, -후략-」

나는 불교사전을 통해 왕사성(王舍城)이 마가다(Magadha)라는 나라의 수도인 라자그리하(Rajagriha)라는 것과 기사굴산(耆闍崛山)이 그리드라꾸우따-빠르바따(Gṛdhrakūṭa-parvata)를 가리키는 것이며 취봉산(鷲峰山) 취두산(鷲頭山) 영취산(靈鷲山) 등으로 번역되는 것을 알게 되었었다. [그리드라(Gṛdhra)는 독수리, 꾸우따(kūṭa)는 머리 또는 봉우리, 빠르바따(parvata)는 산이라는 뜻]

법화경의 서두부분이 상징적이었다는 것을 어렴풋이 알기는 했지만, 어쨌거나 경의 서두를 읽으며 나는 독수리 머리 모양의 산 위에 그 엄청난 숫자가 운집할 정도로 아주 넓은 장소가 있었을 것이라고 생각했다.

독수리가 앉아 있는 형상의 작은 바위를 보는 순간 내 생각이 단지 상상으로 인한 것이었음을 알고 실소를 금할 수 없어 피식 웃고는 계단을 다 오르니, 이번에는 그리 넓지 않은 공간이 앞에 나타났다.

'아니 이곳이 부처님께서 많은 대중에게 법을 설하셨다는 바로 그 영산회상(靈山會上)이라는 말인가?

나는 순간적으로 잠시 당황스러웠다. 그러나 곧 부처님께서 머무셨던 방인 여래향실(如來香室)을 중심으로 펼쳐지는 영취산 전체 모습과 끝없이 열려 있는 하늘을 보는 순간 협소하다는 생각이 사라졌다.

'그렇다! 부처님께서 이곳에서 법을 설하실 때 제자들과 산천초목과 저 하늘의 대중까지 다 들었을 것이다. 그들을 통해 부처님의 가르침은 온 우주로 퍼져 나갔을 것이며, 이윽고 머나먼 곳에 있던 나에게까지도 전해졌을 것이다. 그러니 법화경에서 언급한 대중은 결코 과장된 숫자가 아니다.'

생각이 여기에 이르자 감사의 눈물이 핑 돌았다.

입구에서 신을 벗고 맨발로 여래향실로 나아가 가사를 수하고 향과 차를 공양 올렸다. 예불을 드리며 '영산당시 수불부촉(靈山當時 受佛咐囑)'이라는 구절에 이르자 부처님께서 손을 드리워 내 이마를 만지시는 것을 느낄 수 있었다. 대중들

: 석가세존께서 머무셨던 방의 기단부만 남은 여래향실

의 예불 소리는 사라져 버리고 부처님의 원음(圓音)이 내 영혼을 울렸고, 내 몸은 곧 여래의 향기 속에 싸였었다.

"잘 왔다 제자야! 내 그대에게 법을 부촉하노니, 널리 세상에 전하도록 하라!"

예불을 마치고 여래향실을 돌며 정근을 하는 동안 대중들도 어느덧 여래의 향기에 젖어 있는 듯했다.

예불과 정근 및 축원까지를 다 끝낸 후, 다시 찬찬히 주위를 둘러보았다. 여래향실의 앞쪽 독수리바위 곁에 작은 방의 기단부가 있어 물어 보니 아난존자가 머물던 방이 있던 곳이라고 했다. 아난존자는 늘 부처님을 곁에서 모셨던 분이니,

: 석가세존께 침향과 보이차를
공양 올리고 있음

: 석가세존께 예불을 올림
- 뒤로 아난존자가 머물던 방이 있던 곳

: 여래향실을 오른쪽으로 세 번 돌며 예경함

가장 가까운 곳에 처소가 있는 것이 맞겠다 싶었다. 아난존자 처소 그 뒤쪽으로 높은 봉우리 쪽을 보니 탑처럼 생긴 모양이 보였는데, 옛날 대탑이 있었던 곳이라고 했다. 그 왼쪽으로는 일본 불교계에서 새로 지었다는 하얀 사원이 보였고, 몸을 돌려 올라온 길을 살펴보니 한눈에 다 들어왔다. 그 길에 구걸하던 이들이 바위처럼 웅크리고 있는 모습도 들어와 마음이 짠했다.

나는 대중들이 설명을 듣는 동안 잠시 가부좌를 틀고 앉았다. 그리고 삼처전심(三處傳心) 중 염화미소(拈華微笑)의 현장 속으로 들어갔다.

『대범천왕문불결의경(大梵天王問佛決疑經)』에 다음과 같은 얘기가 나온다.

: 아난존자의 방이 있던 곳 뒤로 봉우리에
탑 모양이 보인다

: 탑에서 왼쪽으로 일본불교계에서 새로 세웠다는
사원의 일부가 보인다

: 여래향실에서 내려다 본 영취산 오르는 길

「부처님께서 어느 날 영취산에서 법을 설하시려 하셨다. 제자들이 다 모인 가운데 대범천왕(大梵天王)이 석가세존께 설법을 청하며 연꽃을 바쳤다. 세존께서 연꽃을 들어 대중들에게 보이셨다. 대중들은 그것이 무슨 뜻인지 깨닫지 못하여 어리둥절해 있었으나 가섭존자(迦葉尊者)만은 꽃을 드신 참뜻을 깨닫고 미소를 지었다. 이에 세존께서는 가섭존자에게 정법안장(正法眼藏 - 스스로 체득한 깨달음의 안목)을 전하셨다.」

부처님께서는 있는 그대로의 참 모습을 보여주셨고, 가섭존자께서는 그 도리를 보시고 아셨다. 그래서 저절로 미소를 띠게 되었던 것이다. 그런데 다른 제자들은 무슨 설명을 기다리고 있었을까?

해가 우리를 익힐 듯 작열하기 시작하여 시계를 보니 정오가 가까워지고 있었다. 아난존자가 머문 곳 옆 바위틈으로 경사로를 따라 내려가니 또 하나의 석굴이 나왔다. 목련존자께서 머무시던 곳이란다. 대중들을 먼저 보내고 목련존자를 그리는 마음으로 잠시 선정에 들었다.

: 여래향실 바로 아래에 있는 목련존자의 석굴
- 잠시 선정에 들었다

32

빔비사라왕의 감옥 터

목련존자의 석실에서 나와 앞서 간 대중들이 저 멀리 보일 때쯤 올라올 때 무심한 듯 지나쳤던 보시를 청하는 사람들을 만나게 되었다. 빔비사라왕이 부처님을 위해 만들었다고 해서 '빔비사라왕의 길'이라고 불리는 이 길에는 오직 가이드와 나와 그들만이 있었다. 미리 바꾸어 둔 인도화폐 루피를 꺼내어 한 사람도 빠짐없이 다 보시를 했다. 내가 그들에게 돈을 건네는 것은 단순한 동정심이 아니다. 그 언젠가 아주 먼 옛날 내가 저들에게서 탁발을 했을 수도 있겠다 싶었기 때문이다. 오랜 빚을 갚는 심정으로 하는 것이며, 그들 또한 빨리 새로운 삶을 살기를 바라는 염원 때문이다.

: 보시를 받은 다음에야 비로소 얼굴을 보여 준
빔비사라왕의 길에 있던 여인

버스를 타고 잠시 이동하여 이번엔 빔비사라왕이 갇혔던 감옥 터에 이르렀다. 그저 돌담만 둘러쳐진 공터가 휑하니 가슴에 바람을 일으켰다.

빔비사라왕은 부처님께서 성불하시기 전에 이미 만났던 인물이었으며, 그때 고타마께 자신과 더불어 마가다를 통치하자고 권했던 인물이었다. 뿐만 아니라 성불하시면 반드시 자기에게 가르침을 주십사고 청했던 인물이다. 부처님께서 성불하신 후에 왕으로서는 가장 먼저 법문을 듣고 깨달아 귀의하여 호법(護法)의 왕이 되었고, 우기(雨期)에도 부처님과 제자들이 머무실 수 있도록 최초의 사원인 죽림정사(竹林精舍)를 지어 올린 왕이었다. 어디 그뿐인가 왕사성에서 3km 정도 떨어져 있는 영취산을 자주 찾아와 부처님의 법문을 듣곤 했던 왕이었다. 그런 그가 어째서 영취산 아래 감옥에서 최후를 보내게 되었을까?

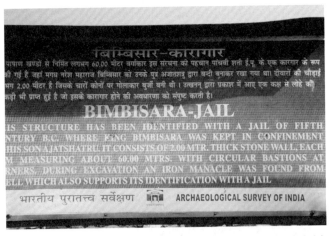

: 빔비사라왕이 갇혔던 감옥이 있던 자리임을
알리는 표지판

빔비사라(Bimbisara)왕은 15세에 왕위에 즉위하였고, 즉위 16년째에 부처님의 재가신자가 되었다. 세존보다 다섯 살 아래의 왕은 최선을 다해 부처님을 모셨으며, 37년간 변함없는 믿음을 보였다. 그러나 말년에 아들인 아자아따샤뜨루 (Ajātaśsatru - 보통 아자타삿투로 발음하는 것은 팔리어 아자아따삿뚜ajātasattu에 의한 것임. 한역에서는 아사세阿闍世로 음역)에게 왕위를 찬탈당한채로 감옥에서 최후의 생을 마감하였다.

아자아따샤뜨루는 젊은 시절 데바닷따(Devadatta - 보통 데바닷타로 발음하고, 提婆達多라 漢譯하였으며 제바달다로 읽음)와 가까이 지냈던 것으로 경전에 설명되어 있다.

데바닷따는 부처님의 사촌동생으로 출가 전부터 욕심이 많았으며, 출가한 후에는 비구 오백 명을 규합하여 부처님께 승단의 지도자 자리를 양보하라고 강요했던 인물이다. 부처님께 고행자적인 수행을 포기했다고 공격하거나 사원을 기증받았다고 공격하기도 했으며, 좋은 음식을 먹고 좋은 가사를 수한다고도 공격했기에 동조하는 비구들이 제법 많았던 모양이다. 하지만 부처님께서는 그런 주장들이 모두 중도(中道)에 어긋난다고 꾸중하셨다. 하긴 속셈을 따로 두고 개혁이라는 명분을 내세워 상대를 공격하는 것은 요즘에도 흔한 일 아닌가.

데바닷따는 부왕을 싫어하고 불만 가득한 젊은 아자아따샤뜨루 왕자에게 접근하여 자기편으로 만들었다. 데바닷따는 빔비사라왕이 너무 부처님께 빠져 있어서 국고를 지나치게 탕진하여 나라를 위태롭게 만들기에 왕위에서 물러나게 해야 한다고 주장했다. 결국 왕자는 부왕을 영취산 아래의 일곱 겹 감옥에 유폐시키고 음식을 넣지 말라고 지시했다. 굶겨 죽이려는 속셈이었던 것이다. 처음엔 면회가 가능했던 위제희(Vaidehī와이데히이) 왕비가 온 몸에 꿀을 바르고 곡물가루를 붙여서 빔비사라왕에게 핥아 먹도록 하였고, 또 장신구에 물을 넣고 가서 마시게 하여 연명시켰다. 그러나 결국 이 사실을 안 아자아따샤뜨루는 어머니를 연금시켰다. 또한 부왕이 창을 통해 영취산을 보면서 부처님께 예배하는 것으로 위안을 삼고 있음을 알고는, 창을 막아버리고 또 발목힘줄을 잘라 절을 하지 못하게 하였다.

　이러한 상황을 지켜보던 대신 지바카는 빔비사라왕이 왕자를 얼마나 희생적으로 사랑했는지를 설명하며 왕을 살려야 한다고 설득했다. 이윽고 아자아따샤뜨루가 마음을 바꿔 부왕을 모셔오라고 신하를 보냈다. 그러나 이미 참혹한 일을 당할 만큼 당한 빔비사라왕은 신하들의 발자국 소리가 멀리서부터 들려오자 더 험한 꼴을 당하기 싫어서 스스로 목숨을 끊고 말았다. 이 사건이 있은 후 아자아따샤뜨루는 데바닷따와 결별을 하고 부처님께 귀의하였다.

: 부자간의 기구한 운명에 대한 설명을 들으며
숙연해져 있는 대중

　여기 과거세에서 현세로 이어지는 인과의 얘기가 있다.

　빔비사라왕은 부인을 셋이나 맞이했으나 나이 50이 되도록 왕자를 얻지 못하였다. 조급해진 빔비사라왕은 유명한 선인(仙人- 예언가, 점술가)을 찾아가 언제쯤 왕자를 얻을 수 있는지를 물었다. 선인은 왕자로 올 사람이 현재 수행 중에 있으니 좀 더 기다리라고만 할 뿐이었다. 빔비사라왕은 수행자가 언제 죽는지를 물었고,

선인은 삼년 뒤가 될 것이라고 답했다. 왕은 그 수행자를 뒷바라지 할 수 있도록 거처를 알려달라고 졸랐고, 선인은 깊은 산중에 있던 수행자의 거처를 알려주고 말았다. 하루라도 빨리 왕자를 얻고 싶었던 왕은 부하들을 시켜 수행자를 죽였다. 그 수행자의 영혼은 위제희(韋提希) 왕비의 몸으로 들어갔고, 이윽고 왕자의 신분으로 태어났다. 왕자를 임신했을 때 예언자에게 어떤 인물이 될 것인지를 물었더니, 나중에 아버지를 죽이고 나라를 위태롭게 만들 것이라고 말했다. 이 예언은 빔비사라왕을 괴롭혔다. 그래서 태어나 얼마 되지 않았을 때 망루에서 아래로 떨어뜨렸으나 손가락 하나만 다쳤을 뿐 왕자는 무사하였다. 왕은 크게 뉘우치며 그때부터는 왕자를 위해 무한한 사랑을 베풀었다. 그러나 왕자는 나이가 들수록 문득문득 부왕이 미워지기 시작했고, 결국은 자기를 죽이려 했던 사실을 알고는 걷잡을 수 없는 증오심에 사로잡혔다. 왕자는 결국 데바닷따와 만나면서 그 증오심을 주체할 수 없는 지경에 이르러 부왕을 죽이는 악행을 저지르고 말았던 것이다.

전생의 원한이 금생에 어떻게 나타나는지를 가르쳐 주고자 함인가? 한역경전에는 아자아따샤뜨루를 미생원(未生怨), 즉 태어나기 전의 원한이라는 뜻으로 옮긴 곳도 있다.

이 얘기는 『관무량수경(觀無量壽經)』에서 부처님의 말씀을 통해 우리에게 생생하게 전해지고 있다.

훗날 자신의 잘못을 크게 뉘우친 아자아따샤뜨루왕은 부처님께 귀의하여 불법과 교단을 외호하는 왕이 되었으며, 부처님께서 열반에 드신 후에는 그 가르침을 정리하는 제1차 결집(結集)의 후원자가 되어 엄청난 불사(佛事)를 성사시켰다.

: 여래향실에서 만났던 외국인들이 우리의 뒤를 이어
감옥 터에 들어서고 있다

빔비사라왕이 창을 통해 봤다는 영취산을 보니 여래향실은 보이지 않고 여래향
실 건너편의 일본 사찰 '산티 스투파' 만 보였다. 영취산 아래에 있던 리프트가 바
로 이 일본사찰에 가는 것이라는 설명을 들었던 것이 생각났다. 그리고 보니 먼저
갔던 일본인 순례자들이 여래향실에서 보이지 않았었다. 우스운 얘기지만 여래
향실을 참배하러 왔던 이들도 잘못 알고 리프트에 올라 일본 사찰을 참배하는 경
우가 허다하다는 것이다.

감옥 터에서 영취산을 바라보니 여래향실 건너편의
일본 사찰 산티 스투파만 보였다

제행무상(諸行無常)이라. 역사의 인물들도 감옥도 모두 사라지고, 돌담에 둘러싸인 빈자리에 인과를 생각하는 이들만 거닐고 있었다. 그래도 돌담 밖엔 무심한 꽃들이 피어고, 그 중에는 손가락 끝에 피가 나는 것 같은 꽃도 보여 어린왕자가 손가락을 다쳤던 그때를 떠올리게 했다.

원증회고(怨憎會苦 - 원한을 품은 사람과 만나 함께 살아야 하는 고통)를 생각하며 감옥 터를 나오는데, 이번에는 어디에서 몰려왔는지 빚을 갚으라고 꼬마들이 손을 내밀었다.

: 감옥 터 돌담 밖에는 무심한 꽃들이
활짝 피어 있었다

: 손가락 끝에 피가 나고 있는 모양의 꽃을 보며
손가락을 다쳤던 왕자를 생각했다

33

죽림정사 - 마가다대탑 - 칠엽굴

: 라즈기르 인도 홋케 호텔 로비의 벽면

: 라즈기르 홋케 호텔의 식당
- 로터스(Lotus-연꽃)

영취산 자락을 떠나 20여 분 후에 '라즈기르 인도 홋케 호텔(Indo Hokke Hotel, Rajgir)'에 도착했다. 아마도 일본에서 지은 호텔인 듯한데, 홋케는 법화(法華)의 일본 발음에 해당된다. 라즈기르의 영취산은 법화경이 설해진 곳이니, 그것을 상징하여 호텔이름을 지은 듯 했다. 대중들이 배가 고플 시각인 만큼 곧바로 식당 로터스(Lotus - 연꽃)로 갔다. '진리의 꽃(법화)'이라는 호텔의 이름과 '연꽃'이라는 식당이 잘 어울린다는 생각이 들었다. 우리가 영취산을 순례하는 동안 핀두 사장이 미리 도착하여 한국 요리 몇 가지를 해 놓아서 인도식과 더불어 선택의 폭이 커졌다. 여행 중에 이런 호사를 누릴 수 있음은 참으로 감사한 일이다.

점심공양을 마친 후 가방을 방에 넣고 얼굴의 땀을 씻었다. 우리 숙소는 본관 왼쪽에 있는 별관이었는데, 2층에서 보니 본관을 에워싼 별관들이 마치 한 송이 꽃처럼 눈에 들어왔다. 그런데 처음 와 보는 호텔임에도 본관의 모양이 눈에 익었다. 잠시 기억들을 불러내 살펴보았더니 어느 사진에서 본 녹야원의 영불탑(迎佛塔)과 비슷했다. 성불하신 후 부처님께서 함께 고행했던 다섯 수행자가 녹야원에 머물고 있음을 아시고 찾아가셨다. 그때 다섯 수행자가 부처님을 맞이했다는 곳에 세웠다는 바로 그 탑이 영불탑이다. 이틀 후 녹야원에 가면 실물을 확인해 봐야겠다.

: 숙소로 가는 길에 마주친 훗케 호텔
정원의 장미

: 오른쪽에 보이는 호텔의 본관은 녹야원 입구의 영불탑을 닮았다

14시경에 호텔을 출발해 10분 후에는 죽림정사에 도착했다. 도로변에 있는 흰색 문을 지나자 곧바로 대숲이 나타났고, 대숲은 나지막한 산자락으로 이어졌다. 대숲의 앞쪽에는 참배를 할 수 있도록 흰색의 작은 건물 하나가 서 있었다. 그 안에 성지를 순례하는 이들을 위해 작은 불상이 모셔져 있었다. 외로워 보였던 것일까? 그 곁에는 더 작은 불상이 친구처럼 시자(侍者)처럼 있었다. 그 앞에 향을 올리며 엎드려 다시 그 옛날로 거슬러 올라가 부처님을 뵈었다.

: 부처님 당시 최초의 사원이었던
죽림정사 유적지 입구

: 죽림정사의 대숲과 참배객을 위해
불상을 모셔놓은 건물

죽림정사(竹林精舍)는 인도 최초의 불교사원으로 산스크리트 베누바나 비하라 (Veṇuvana vihāra)를 번역한 말이다. 왕사성 외곽의 대숲은 본디 깔란다 장자 (kalanda, 漢譯에는 가란타장자迦蘭陀長者 - 長者는 덕망 높은 재력가)의 소유였다. 장자는 빔비사라왕이 부처님께서 머무실 사원을 지어드리고 싶다는 말을 듣고는 곧바로 자기의 죽림원(竹林園)을 내어 놓았고, 왕은 그곳에 부처님과 제자들이 우기(雨期 - 몇 달간 계속 비가 내리는 시기)에도 편히 머물 수 있도록 사원을 지어드렸다.

부처님 당시의 죽림정사 분위기는 빔비사라왕의 생각을 통해 짐작할 수가 있다.

「저 죽림원은 성에서 가까워 왕복하기가 편하고, 오고 감에 피로하지 않고 평탄하여 장애가 없다. 모든 사람이 즐기는 대로 이익을 구하여도 얻기 쉬우며, 겸하여 모기나 독사나 빈대 등이 적고, 낮에는 고요하여 사람의 왕래가 없고, 밤에는 소리가 적어 조용하다. 성과 못이 가까워 오감에 걸림이 없어 어진 이가 수도하는 곳이 될 만하니, 나는 이제 이 죽림을 세존께 받들어 올려 계실 처소를 삼게 하리라」

죽림정사는 부처님께서 10대 제자 중에서 가장 중요한 세 제자를 맞이하신 곳이다. 사리뿌뜨라(Sariputra - 한역에는 사리불舍利弗, 사리자舍利子)존자와 마우드갈라아야나(Maudgalyāyana - 한역에는 목련目連, 목건련目犍連)존자와 마하아까아샤빠(Mahākāśyapa - 한역에는 마하가섭摩訶迦葉)존자가 바로 이 죽림정사에서 출가한 것이다. 다시 말해 죽림정사는 승단(僧團)의 기초가 완벽하게 이루어진 곳이라고 볼 수 있는 것이다.

: 참배객을 위해 모셔 놓은 불상과 오른쪽의 작은 불상

왁자지껄한 소리에 현실로 돌아오니 외국인들이 한 무리 내 주위를 에워싸고 있기에 그들에게 자리를 내어주고는 깔란다의 연못으로 향했다. 현장스님의 『대당서역기(大唐西域記)』에는 '물이 맑아서 여덟 가지 공덕(八功德)을 갖추고 있었으나 부처님께서 열반하시자 말라버렸다'고 기록하고 있다. 팔공덕수(八功德水)는 불교에서 말하는 감로수(甘露水)로 '극락정토의 연못에 있는 물은 맑고, 시원하며, 감미롭고, 부드러우며, 윤택하고, 온화하며, 갈증을 없애 주고, 신체의 여러 부분을 성장시킨다.'고 하는 것이 여기에 해당한다. 이는 불법의 다른 비유이기도 한 것으로, 부처님 열반 후 팔공덕수가 말라버렸다는 것은 더 이상 부처님의 설법을 들을 수 없게 되었음을 상징한다고도 볼 수 있다.

정원을 가로질러 오른쪽으로 들어가자 곧 연못이 나타났다. 이미 먼저 온 순례자들이 연못 옆에서 설명을 듣고 있었다. 1956년 『대당서역기』의 설명에 따라 복원한 연못은 사각형이었으며, 주위를 돌 수 있는 산책로가 있고 작은 탑들이 있었으며, 물에까지 내려가는 계단이 마주 보고 있었다. 수량은 많은 편이었고, 물은 깨끗해 보였다.

: 정원을 가로질러 오른쪽으로 가면 나타나는 깔란다 연못

앞선 순례자들이 물러간 연못에 주변의 나무들이 비쳤고, 그때 원숭이 한 마리가 나타나 재롱을 부렸다. 이 풍경을 보고 있자니 문득 경에서 설명한 원숭이 얘기가 생각났다.

「달을 좋아한 원숭이가 있었다. 어느 날 밤 보름달이 떠올랐다. 원숭이는 그 달을 잡으려 손을 뻗었다. 그 순간 잡고 있던 나뭇가지가 부러지면서 물에 빠져 죽고 말았다.」

아무리 훌륭한 가르침이라도 언어로 표현된 그 자체는 그림자에 불과하다. 비록 종교라고 하더라도 그 가르침의 핵심을 깨닫지 못하고 틀에 갇혀 싸움이나 하고 있다면 마치 물에 비친 거짓 달을 건지려다가 빠져 죽는 원숭이 꼴을 면치 못한다.

: 깔란다 연못가에서
재롱을 부렸던 원숭이

: 물이 맑은 편이라서 주변의 나무들이 그대로 물에 비치고 있다

고개를 돌려 대숲 위를 보니 흰색의 조형물이 보였다. 물어봤더니 이슬람 성직자의 무덤이란다. 그 옛날 불교사원이 있던 것을 다 부숴버리고 거기에 자기들의 무덤을 만든 모양이다. 아마도 세월이 흐른 뒤에는 저 조형물도 먼지가 되어 사라질 것이다.

: 그 옛날 죽림정사의 건축이 있었을 곳에 지금은 이슬람 성직자의 무덤이 있다

죽림정사의 대문께로 향하는데, 대숲 일렁이는 바람에 부처님의 말씀이 들려왔다. **"이 세상의 모든 존재는 다 영원불멸의 자아(自我)가 없다. 다만 사람들이 무언가를 새로 만들고 새로운 이름을 붙일 따름이다. 그것들도 머잖아 사라질 것이다. 제법(諸法)은 무아(無我)니라"**

: 죽림정사의 대숲은 지금도 여전히 부처님의 설법을 들려주고 있다

죽림정사를 나와 다리를 건너 아사세왕이 세웠다는 마가다대탑으로 갔다. 바로 죽림정사에서 건너다 보일 정도의 거리였다. 아소카왕이 해체한 후 사리 일부를 남겨 다시 탑을 세웠으나 지금은 그저 빈터만 있고, 그 위에 이슬람교도들의 무덤 몇 기가 있었다. 특별히 눈을 둘 곳이 별로 없어 주위를 둘러보니 길가에는 음식을 만드는 연기만 피어오르고, 마차를 탄 사람도 자전거를 탄 사람도 걸어가는 사람도 그저 무심히 제 길을 가고 있었다. 다시 눈길을 거둬 탑 터의 중심부를 보니 돌기둥 몇 개가 서 있고, 그 사이에 떠돌이 나그네가 뜨거운 햇볕을 받으며 잠들어 있었다. 나는 혼자 생각했다. "부처님의 사리를 모셨던 그 자리에 저렇게 오늘도 한 사람이 영혼을 쉬고 있구나. 그래, 이만하면 족하지 않은가."

: 죽림정사에서 멀지 않은 곳에 있는 마가다대탑의 유적 - 거의 터만 남았다

: 마가다대탑의 길 건너에서는 무언가 조리를
하는 연기가 피어오르고 있었다

: 마가다대탑의 바로 곁을 마차도 자전거도 걷는 이도
무심히 지나고 있었다

: 마가다대탑 터의 중앙부에 이런
돌기둥이 몇 개 서 있었다

: 마가다대탑 터의 중앙부 돌기둥 사이에서
곤하게 잠든 젊은이

마가다대탑 터를 떠나 8분여 달렸을까? 버스가 길가에 섰다. 칠엽굴(七葉窟)이 있는 산 아래였다. 우리의 일정으로는 도저히 칠엽굴까지 다녀올 시간이 되질 않는다며 굴 입구만 보면서 설명 드리겠노라니 어쩌겠는가.

「부처님께서 열반에 드셨다는 소식을 듣고 발걸음을 서두르던 마하가섭존자는 도중에서 춤을 추고 있는 늙은 비구를 만났다.

　"그대는 어째서 춤을 추고 있는가?"

　"이제 잔소리꾼 석가노인이 돌아가셨다. 이제 우리는 해방되었다. 그러니 어찌 기쁘지 않겠는가. 그래서 춤을 추고 있다네."

　마하가섭존자는 한탄을 하면서 부처님의 가르침을 서둘러 정리해야 하겠다는 생각을 하였다.」

바로 이것이 제1차 결집을 하게 된 동기였다고 경전에서는 전하고 있다.

: 산아래 길가에서 망원렌즈로 당겨 찍은 칠엽굴 입구

부처님의 다비를 끝낸 마하가섭존자는 장로들을 소집하였다. 그리고는 자신의 뜻을 피력하였다. 우여곡절 끝에 라자그리하 성 밖 산중턱에 있는 칠엽굴에서 진리에 대한 가르침인 경(經)과 승단을 유지하기 위한 질서를 설명한 율(律)을 암송(暗誦)하기로 한 것이다. 재정적인 모든 지원은 아사세왕이 하겠다며 자청했다. 이때의 결집(結集)은 글자로 정리하는 것이 아니라, 전체를 암송하여 정리하는 것이었다.

오백의 장로(長老 - 지도자급 스님)가 모여 제1차 결집을 함에 있어 율에 대한 것은 지계제일(持戒第一) 우빠알리(Upāli - 한역에는 우바리優婆離)존자가 암송하고, 경에 대한 것은 다문제일(多聞第一) 아난다(Ananda - 한역에는 아난타阿難陀, 아난阿難) 존자가 하기로 하였다. 그런데 문제가 발생했다. 아난다존자에 대한 장로들의 거부였다. 과거에 몇 가지 실수를 한 것을 문제 삼았고, 아직 완벽한 깨달음에 이르지 못했다는 것이 이유였다. 마하가섭존자는 아난존자를 불러 한 가지 문제를 해결하라고 했다. '문 앞의 깃대(찰간刹竿)를 꺾어라' 하는 문제를 던져주고는 동굴의 입구를 막아버렸다. 아난다존자는 동굴 밖에서 이 문제를 해결하고는 막힌 동굴을 그대로 통과하여 장로들의 인정을 받은 후 경을 모두 암송하였다고 전한다. 깃대는 어떻게 꺾었으며, 막힌 동굴은 또 어떻게 통과한 것일까? 방법은 오직 한 가지 즉 깨달음만이 답일 뿐이었다.

망원렌즈로 당겼으나 그저 입구만 조금 비칠 뿐, 칠엽굴은 알 길이 없었다. 돌아서 버스로 향하는데 마치 장로들이 모여 있는 듯 송이송이 노란 꽃이 눈에 들어왔다.

: 이 꽃을 보면서 나는 칠엽굴에 모였을
오백 장로들을 떠올렸었다

: 멀리서 살펴보고 돌아서야만 했을 때마다 짧은 일정이 안타까웠다

34

나알란다 사원(1)

14시 50분경 치열했을 칠엽굴의 제1차 결집을 떠올리며 오늘의 마지막 순례 장소 나알란다(nālanda - 한역에는 '나란타那爛陀'이며 '날란다' 또는 '나아란다'로도 발음함) 사원(寺院)유적지로 향했다.

중간에 잠시 차를 세우고 튀김과자를 사러갔다. 현지인들이 즐겨 먹는 것으로 직접 그 자리에서 반죽을 하고 밀어서 모양을 만들고는 기름에 튀겨서는 설탕을 뿌려서 먹는 것이었다.

튀김과자로 새참을 먹는 사이에 버스가 나알란다 사원의 입구에 도착했다. 그곳에는 기이하게도 보리수와 반안나무가 둘이 어울려 한 몸을 이루고 있었다.

: 나알란다 유적지로 가는 도중에 튀김과자를
흥정하고 있는 장면

: 사장님이 익숙한 솜씨로 튀김과자를
만들고 있는 모습

도로의 양옆에는 잡다한
물건들을 파는 기념품 상점
들이 줄을 지어 섰다. 입장
권을 사는 동안 잠시 눈요기
를 하고는 서둘러 나알란다
의 영역으로 들어선 시각이
15시 24분경이었다.

: 나알란다 유적지 입구에는 도로 양변에 가게들이
늘어서 있다

: 나알란다 입구 건너편에 있는 나무는
보리수와 반얀나무가 한 몸을 이루었다

: 보리수와 반얀나무는 가지까지도 서로 어울려
한 몸처럼 되어 있다

라자그리하성에서 북쪽으로 30여 리 밖에 암라원(菴羅園)이라는 아름다운 동산이 있었다. 상인들이 돈을 모아 이 동산을 사서 부처님께서 제자들과 함께 머무실 수 있도록 보시했다. 부처님께서는 그 뜻을 갸륵하게 생각하시어 삼 개월 정도를 머무시며 설법을 하셨다.

부처님께서 열반에 드신 후 샤크라디타 왕(한역 삭가라아일다 왕 鑠迦羅阿逸多王)이 사원을 세웠다. 훗날 붓다굽타 왕(한역 불타국다 왕 佛陀鞠多王), 타타가타굽다 왕(한역 달타게다국다 왕 呾他揭多鞠多王), 발라디티야 왕 등이 잇따라 남쪽과 동쪽과 동북쪽에 사원을 지었다. 이리하여 나알란다 사원은 점차 번성해 갔다.

나알란다 사원(寺院)은 흔히 나알란다 대학이라고도 불린다. 그런데 이 사원이 언제부터 대학의 역할을 하게 된 것인지 정확한 것은 알 수 없다. 불교학자 따라

: 나알란다 유적지의 첫째 문은 도로변에 있다
- 여기서 표를 산다

나타(Taranatha, 1575~1615)는 그의 저술 『인도불교사(History of Buddhism in India)』에서 중관학(中觀學)의 대가인 용수대사(龍樹 - 나아가아르주나 Nāgārjuna, 흔히 용수보살이라고 존칭)가 7세에 나알란다에 와서 스승으로부터 학문을 전수 받아서 나중에 학장이 되었다고 하였다. 용수대사의 활동시기를 대략 150~250년 사이로 본다. 따라서 2세기에 이미 나알란다 대학이 있었다는 얘기가 된다.

나알란다는 나와 깊은 인연이 있다. 고등학교 1학년 때 선배들의 권유로 '부산불교학생회'에 가입하여 귀한 선생님을 만나게 되었다. 동국대학교 인도철학과 석사출신인 김도완 선생님이시다. 선생님은 불교종립학교였던 모 고등학교 국어교사이시면서 교법사(敎法師 - 불교종립학교에서 불교를 가르치시는 책임교사)이셨다. 부산불교학생회는 인연에 따라 대법사에서 광성사로 옮기게 되었다. 광성사는 김선생님댁에서 창건한 사찰이었다. 이때 선생님은 한국불교를 책임질 선지식을 길러내는 학생회와 청년회를 만들어야겠다는 뜻으로 이름을 '나아란다'로 바꾸셨다. 나는 자연히 '나아란다 불교청년회'의 일원이 되었고, 회장 소임까지도 맡게 되었던 것이다.

[나아란다 불교청년회가 있는 광성사는 현재 한국 유일의 티베트 사원이 되어 있다.]

출가 후 용수보살의 중론(中論) 등을 공부하면서 나알란다 사원에 대한 관심이 더욱 커졌고, 인도불교사를 공부하면서는 언젠가 반드시 순례를 해야겠다고 결심했었다.

바깥문을 지나자 하얀 장화를 신은 듯한 나무들이 모두 나와서 일렬로 서서 우리를 맞아 주었다. 나무들 뒤로 드넓은 정원이 펼쳐져 있어서 마치 왕궁으로 들어가는 듯 했다. 그 옛날 얼마나 많은 스님들이 성불의 꿈을 안고 지금 우리처럼 떨리는 마음으로 나알란다 사원의 본당(本堂)을 향했을까?

: 도로변의 첫째 문을 통과하면 이처럼 나무들이 환영을 한다

두 번째 문을 지나니 바로 눈앞에 사원의 하단부분이 나타났다. 붉은 벽돌로 쌓은 건축물들은 이슬람군대에 의해 철저하게 파괴되었음에도 불구하고 마치 성벽처럼 눈앞을 가로막고 있었다. 기록에 따르면 나알란다 사원은 6개월에 걸쳐 불길에 싸여 있었다고 한다. 그런데 어떻게 이처럼 당당한 모습으로 버티고 있단 말인가?

: 둘째 문에는 나무가 마치 거대한 깃대(찰간)처럼 서 있다

: 두 번째 문을 지나면 만나게 되는 나알란다 유적의 외벽과 출입구

성벽 같은 외벽에 열려 있는 출입구를 통해 안으로 들어서니 온몸에 전율이 일었다. 통로의 오른쪽으로 꺾어 계단을 오르면서 왜 6개월의 화재에도 이 유적이 남아 있는지 알 수 있었다. 벽돌로 쌓은 벽의 두께가 내 손으로 여덟 뼘 정도였으니, 대략 170㎝를 넘는 것이었다.

: 유적지 안쪽에서 출입구로 들어오는 이들을 본 것

: 나알란다의 건축물은 엄청난 두께로 축조되었다
- 왼쪽 계단처럼 보이는 것이 벽

: 상단에서 중간지점에 있는 순례자들을 본 것
- 그 아래 하단부가 있음

계단을 통해 상단으로 오르니 동서사방이 한 눈에 들어왔다. 아! 이것이 바로 나 알란다의 위용이로구나.

: 현재 남아 있는 유적의 상단부에서
한쪽 면을 찍은 것

: 유적의 상단부에서 열심히 설명을
듣고 있는 순례자들

35

나알란다 사원(2)

15시 40분경 중심부의 상단에서 전체적인 설명을 들으며 찬찬히 동서남북을 살펴보았다. 설명에 따르면 추정되는 유적지의 면적이 가로 4km 세로 2km에 달하지만 현재 발굴한 것은 사방 1km 정도라고 했다.(이것에 대한 것

: 대학 유적 중심부 상단(2층)에서 전체적인 설명을 듣고 있는 대중

은 각기 다른 주장들이 많아서 정확하지가 않다. 어떤 기록에는 가로 11km 세로 5km가 발굴되었으며, 발굴하지 않은 면적이 열 배에 이른다고도 했다. 눈으로 확인되는 경계 표시로는 1km 정도가 적당한 듯 했다.)

위에서 둘러보니 가장 확연히 눈에 들어오는 것은 서남방이었다. 꽤 높이 장대한 모습을 유지하고 있는 건물 부분이 남아 있는데, 바로 부처님께서 3개월 동안 머무시며 설법한 장소에 세운 근본향전(根本香殿)인 스투파였다. 그 앞과 옆으로 전개되는 크고 작은 전각의 기단들이 푸른 잔디 위에 힘들게 모습을 지탱하고 있었다. 나는 눈을 감고 그 기단 위에 옛 영광을 재현해 보았다. 장엄한 전각들 사이로 수많은 법열(法悅)로 충만한 수행승들이 거니는 모습이 들어왔다. 그러나 그것도 잠시뿐, 왁자한 소리에 눈을 뜨니 옛 전각도 스님들도 사라지고, 가로 세로로 통하는 길 위로 순례자들이 오가고 있었다.

: 중심부에서 서남방으로 본 것 - 우뚝한 것이 부처님께서 설법한 자리에 세운 탑

전체적인 설명이 대충 끝나자 남쪽으로 통하는 벽 위를 다리 건너듯 넘어서서 승원(僧院)의 상단으로 갔다. 거기서 아래 부분을 조망하면서 계단을 따라 내려가니, 예불당의 공간도 있고 스님들이 모여서 공부하는 큰방과 도서관도 있었다.

: 남쪽에 있는 승원의 2층에서 1층으로 내려감
- 큰 공간에 여러 가지 구조물이 보임

: 이곳이 도서관인 서고라고 했던가? - 비슷한 구조물이 많아
기억이 정확하지 않다

게다가 식품을 보관하던 창고하며 또 큰스님들이 혼자 사용하는 방도 보였고, 혼자 들어가 좌선하는 굴방도 보였다. 더위를 피하기 위함이었는지 지하에 이처럼 많은 공간이 마련되어 있었다.

: 높은 자리는 부처님을 모신 불단이었거나
고승이 설법하는 단이었을 것이다

: 큰방의 사방에는 이런 굴방이 있는데, 아마도
개인이 좌선하는 곳으로 보임

승원을 나와 다음은 서쪽으로 향했다. 거기엔 부처님께서 머무시며 설법을 하셨던 것을 기념하여 세운 스투파인 근본향전(根本香殿)이 있었다. 스투파에 이르기 직전에 여러 칸으로 늘어선 게시판이 있었는데, 거기에는 복원하기 전의 사진과 원래의 모습을 복원한 그림 등이 있었다.

: 근본향전(根本香殿)에 이르기 전의 게시판에 있는 탑의 복원도

: 1861년 영국의 고고학자 알렉산더 커닝햄이 발견한 모습(왼쪽)과 발굴하는 사진

근본향전은 훼손을 막기 위함인지 안으로는 들어가지 못하게 막아 두었다. 앞에서 예를 갖추고는 여러 각도의 사진을 찍었다. 나알란다에서 공부하던 스님들이 매일 이곳에 와서 석가모니부처님을 그리며 존경의 예를 올렸을 것이다. 비록 대부분 무너지긴 했지만 그래도 가까이 있는 거목보다 높아서 주위를 압도하고 있는 모습이 장엄했다.

: 부처님께서 3개월간 머무시며 설법하셨던 자리에 세운 스투파인 근본향전

: 탑을 참배하고 탑돌이를 하기 위해 탑신부로 오르는 계단을
정면에서 본 것

: 큰 탑을 모시듯 사방에 있는 작은 탑에 남아 있는 부조

나알란다 사원(3)

36

근본향전 사진을 찍다가 유럽에서 순례를 온 젊은 남녀와 잠시 대화를 나누게 되었는데, 그들의 얼굴에는 환희로움이 충만했다. 불교 성지를 순례하면서 유럽의 불자들을 만날 기회가 있는데, 오히려 그들에게서 순수한 열정을 볼 수 있다는 것은 또 다른 기쁨이다.

: 근본향전 앞에서 만나 잠시 얘기를 나눈 유럽의 순례자들 - 기쁨에 젖어 있다

방향을 바꿔 이번에는 북쪽을 향했다. 끝없이 펼쳐진 유적지에는 탑과 승원의 기단부가 계속 이어졌다.

나알란다 대학은 전성기 때 교수진이 2천 명에 이르고, 세계 각지에서 1만 명의 유학생이 모여들었던 당대 세계 최고의 대학이었다고 한다.(어떤 곳에서는 수천 명의 스님들이라 했고, 또 어떤 곳에서는 2만이 넘는 스님들이 공부했다고 적고 있다) 당나라 현장 스님을 비롯해 중국, 페르시아, 티베트, 한국, 일본, 터키 등의 승려들이 유학했고, 신라의 혜초 스님도 이곳을 순례했을 것으로 학자들은 추정하고 있다. 나알란다 대학에선 불교의 경(經)·율(律)·론(論) 삼장(三藏)의 연구는 말할 것도 없고, 전공과목들인 중관(中觀 - 중도의 이치를 밝힌 것), 구사(俱舍 - 심층 심리), 유식(唯識 - 구사보다 더 깊이 연구한 심리), 인명(因明 - 진리를 규명하기 위한 고도의 논리)을 비롯해 철학과 수학, 과학, 약학, 의학, 천문학 등 다양한 학문까지 연구했다고 한다.

북쪽으로 올라가는데 이곳저곳에서 발굴된 것을 토대로 기단부를 복원하고 있었다. 붉은 벽돌로 쌓고 있는 것을 보니 어설퍼 보이긴 했으나 그래도 이런 노력을 통해 오늘 우리는 옛 자취를 돌아볼 수 있는 것이다.

1915년부터 20여 년에 걸쳐서 발굴된 중심 구역은 동서로 250m, 남북으로 600m 정도인데, 벽돌로 축조한 5기의 사당과 10기의 대승원이 모습을 드러냈다. 서향의 8개 대사원은 남북으로 일렬로 인접해서 자리 잡았고, 그 남단에 북향의 2승원도 밝혀졌다.

: 북쪽으로 이동하는 중에 만난 승원의 유적

: 북쪽으로 가다가 만난 탑원의 유적

: 발굴한 유적의 기단부를 복원하는 모습
- 작은 승원으로 보임

: 발굴한 유적의 기단부를 복원하고 있는 사람들

복원하는 곳을 지나 좀 더 올라가자 다시 거대한 승원의 유적이 나타났다. 넓은 정면 계단을 통해 위로 올라가니 꽤 복잡한 구조를 보였다. 그 위에는 멋진 조각이 된 돌기둥들이 서 있어서 높은 구조물이 있었음을 짐작케 하였다. 그곳에서 깊은 신심과 용맹심으로 구도의 수행자들은 무수한 밤을 새우며 깨달음을 성취했을 것이다.

: 북쪽에 있는 대승원(大僧院)의 유적을 오르고 있는 대중

: 대승원의 유적 위에서 설명을 듣고 있는 대중

: 대승원의 유적에는 이런 돌기둥이 몇 기 있었다

우리가 순례하는 나알란다의 유적은 그 자체로도 의미하는 바가 매우 크며, 또한 사람들을 감동시키기에 충분하다. 그러나 나알란다가 세상에 금강의 보석처럼 빛나는 것은 붉은 벽돌의 유적 때문이 아니다. 목숨을 건 구도의 정진으로 깨달음을 이루시고, 후학들에게 그 길의 설계도를 남기신 수많은 선지식들의 향기가 남아 있는 곳이기 때문이다.

나알란다를 빛낸 분들 가운데 곧바로 떠오르는 분들이 있다. 『중론(中論)』과 『십이문론(十二門論)』을 남기시고 중관학(中觀學)의 근간을 마련하신 용수보살(龍樹菩薩), 용수보살의 제자로 『백론(百論)』『백자론(百字論)』『광백론(廣百論)』『대장부론(大丈夫論)』『외도소승열반경(外道小乘涅槃經)』을 남기시고 중관학을 완성하신 아아리야-데바(ārya-deva, 한 쪽 눈이 멀었기에 '애꾸눈 데바' 라는 뜻의 까아나-데바〈Kāṇa-deva〉라고도 하며, 가나제바존자〈迦那提婆尊者〉라고 한역됨), 『유가사지론(瑜伽師地論)』『현양성교론(顯揚聖教論)』『섭대승론(攝大乘論)』『대승아비달마집론(大乘阿毘達磨集論)』을 남기신 아상가존자(Asaṅga - 무착보살〈無着菩薩〉로 한역), 『유식삼십론송(唯識三十論頌)』『구사론(俱舍論)』『십지경론(十地經論)』『불성론(佛性論)』『금강반야바라밀경론(金剛般若波羅蜜經論)』등을 남기신 바수반두존자(Vasubandhu - 세친보살〈世親菩薩〉로 한역), 밀교(密敎)를 중국에 전한 금강지(金剛智)스님과 선무외(善無畏)스님, 북송(北宋) 초기 중국에 온 법현(法賢)스님과 보타흘다(補陀吃多)스님, 티베트에 밀교를 전하신 파드마삼바바존자(Padmasambhava-연화생보살〈蓮華生菩薩〉로 한역), 7세기에 유학한 당(唐)의 현장(玄奘)스님 등등, 나알란다가 배출한 고승들은 이루 헤아릴 수 없다.

대승원(大僧院)의 자리를 둘러보고는 동쪽으로 이동하니 탑의 기단부에 해당하는 돌에 무수한 조각들이 보인다.
이 조각들은 대승경전에 등장하는 호
법신중(護法神衆)과 전설적인 애기에
등장하는 상징적인 동물들이다. 이
조각들을 보다가 문득 우리의 십이지
신상(十二支神像)이 인도로부터 비롯
되었을 것이라는 생각이 들었다.

: 탑의 기단부의 돌에 남아 있는 부조

: 탑의 기단부에 있는 부조
- 음악을 연주하는 여인

: 탑의 기단부에 있는 부조
- 음악을 연주하는 동물상

: 탑의 기단부에 있는 부조
- 가릉빈가로 보이는 조각

: 탑의 기단부에 있는 부조
- 사람의 얼굴에 짐승의 몸

방향을 바꿔 다시 남쪽으로 향할 즈음엔 서쪽 하늘이 붉게 물들고 있었다. 그 노을 속에는 순례를 끝내려는 사람과 둥지로 향하는 새들이 돌아갈 길을 서두르고 있었다. 6개월 동안 불탈 때도 이처럼 하늘이 붉었을 것이라는 생각이 들면서, 인도에서 불교의 교세가 기울던 때를 생각해 보았다.

: 나알란다에 해가 지고 새도 사람도 보금자리로 간다

파이낸셜타임스와 인도 언론들에 의하면 나알란다대학 유적지 인근에 캠퍼스를 재건하고 이를 위해 외국 정부 등의 투자를 유치한다는 내용의 법률안을 논의할 것이라고 보도했다. 나알란다대학의 재건 논의는 1990년대 이후 꾸준히 나왔고, 2006년 인도 정부가 국내외 전문가들을 모아 재건을 위한 자문그룹을 조직하면서부터 계획이 구체화 되었다. 인도 정부는 건축과 용지 조성공사 등 전체 재건 비용을 약 10억 달러로 추산하고 있다.

관리인 겸 가이드의 인사를 받고 나 알란다를 나서려는데 숲 위로 무수한 까마귀들이 날고 있었다. 나알란다대 학이 재건된다면 수많은 인재들이 저 까마귀들처럼 운집하리라. 그때 부처 님의 가르침이 얼마나 위대한 것이 며, 세상을 구할 유일한 빛이라는 것 도 다시 드러날 것이리라.

: 우리를 안내한 나알란다의 관리인이면서 가이드

: 나알란다를 나오는데 앞 뜰의 나무 위로 수백 마리 까마귀가 날고 있었다

: 해질 무렵 나무 위에 운집한 까마귀들

오늘의 순례를 끝내고 홋케 호텔(Hokke Hotel)로 돌아온 시각이 17시 50분이었고, 저녁공양을 마친 시각이 18시 10분경이었다. 그동안 바쁘게 진행된 순례로 피곤할 대중들을 위해 다회를 하기로 했다. 하루 종일 몰아치느라 흘린 땀과 먼지를 털어 내고 20시부터 22시까지 내 방에 모여 다회를 했다. 모두들 피곤한 기색이 없는 것으로 보아 신심이 한껏 고조되었나 보다.

: 하루의 순례를 끝내고 돌아온 홋케 호텔
- 방으로 향하고 있음

: 두 시간 동안 다회를 한 홋케 호텔.
내가 머문 방의 응접세트

37

바이샬리로 가는 길

간밤에 기분 좋은 다회를 하고 비교적 일찍 잠자리에 들었기에 새벽이 빨리 찾아왔다. 02시 30분에 일어나 1시간쯤 좌선을 하고는 반신욕을 한 후 짐을 꾸리고, 05시에 이른 아침공양을 하였다. 평소 아침공양을 하지 않던 내 몸은 약간 당황해하였지만 빠듯하게 진행되는 일과를 무리 없이 수행하기 위해서 죽이라도 좀 먹기로 한 것이다. 05시 30분의 어둠 속에 우리를 태운 버스는 바이샬리(Vasali - 바이샤알리이, 한역에는 비사리〈毘舍離〉 또는 비야리〈毘耶離〉로 옮겼고, 광엄성〈廣嚴城〉이라고 뜻 번역하였음. 부처님 당시는 독립된 나라였음.)를 향해 안개 속에 출발했다.

우리가 순례를 하는 동안 익숙해진 것 중의 하나가 안개이다. 새벽에서 해가 뜬 후까지 안개는 늘 우리 주변을 감싸고 있었다. 오래되어 뿌옇게 된 유리창을 통해 보듯이 인도는 우리에게 제 모습을 잘 보여주지 않으려 하였다. 하지만 늘 그런 기후에 익숙해진 사람들은 그러려니 하며 살아갈 것이다. 범부의 삶도 그런 것이다. 마치 짙은 안개가 낀 듯 불분명한 시야로 세상을 보면서 그러려니 하면서도 불안한 마음으로 살아간다. 새벽의 안개는 한낮이 되면 걷히겠지만 범부의 무명(無明 - 가장 근본이 되는 번뇌)이라는 안개는 오직 깨달음에 의해서만 걷힌다.

: 라즈기르를 출발한지 90분이
지나서 보는 일출

    너무 일찍 길을 나선 탓인지 모두 무릉도원으로 꿈 나들이를 가고, 혼자 어둠 속
에서 한 시간 반 정도 안개와 놀다 보니 나무 위로 해가 솟았다. 작은 마을 앞을
지나는 길은 또 다시 차량들이 뒤엉켰다. 단잠에서 깨어나 해우소(解憂所 - 근심을
푸는 곳, 화장실)에 들려 근심을 내려놓
고 다시 버스에 오른 시각이 07시 50
분, 차창 너머로 등교하는 학생들을
태운 버스가 지나갔다. 짧은 스침인
데도 카메라를 향해 미소 짓는 아이
들이 사랑스러웠다.

: 새벽부터 부산을 떨었기에 모두
무릉도원 구경을 떠났다

: 마을이 가까워지면 흔히 볼 수 있는 풍경이 안개 속에 나타났다

: 모처럼 멋진 해우소를 만나니
오히려 생경했다

: 낡은 버스에서 등교하는 아이들의
싱그러운 미소를 만났다

: 버스의 열린 유리창 사이로 약간은 수줍은 듯
미소 짓는 소녀

: 꾸밈 없는 소녀의 이 미소가 얼마나
아름다운가?

달리는 차창 밖의 세계는 마냥 평화로워 보였다. 채소를 가꾸는 밭 옆에 있는 늪
지에는 백로들이 한가로이 놀고 있고, 다리 아래로 흐르는 강물은 세월을 아랑곳

: 늪지에서 한가로이 쉬고 있는 백로들이 평화롭다

: 갠지스는 주변 상황에는 관심 없다는 듯 유유한 모습이다

않고 유유히 흘러가고 있었다. 다만 바쁜 것은 사람들이다. 경전에 흔하게 등장하는 항하사(恒河沙) 즉 갠지스의 모래는 벌판을 이루고 있었고, 그 모래벌판 위에서 중장비를 동원해서 사람들은 모래를 트럭에 싣고 있었다.

: 끝없는 모래벌판 위에서 사람들이 중장비를 동원해 모래를 트럭에 싣고 있다

다리를 건너 다시 40분을 달리니 바이샬리가 가까운지 점차 집이 많아졌다. 차앞에 나타나는 새로운 풍경을 즐기는데 참 묘한 상황이 눈에 들어왔다. 도로 위를 오토바이가 쏜살같이 내닫는데 그 옆으로 자전거가 비교적 느린 속도로 달리고,

흰 소들이 끄는 수레가 천천히 움직이는가 하면, 그 뒤로 아주 느리게 사람들이 걷고 있었다. 그런데 참 묘하게도 탈것의 속도와 그것을 타고 있는 사람의 표정이 반비례하고 있었다. 오토바이를 타는 사람은 아주 급한 듯 조급한 표정이었고, 자전거를 타는 사람은 조금 더 빨리 가려고 안간힘을 쓰고 있었으며, 소가 끄는 수레를 탄 사람은 여유롭게 웃고 있었지만 가끔씩 손에 든 회초리로 소 등을 때려 소의 걸음을 재촉하고 있었다. 그런데 걷는 사람들을 보니 가장 느리게 가고 있었지만 시간 따위는 아랑곳없다는 듯 그저 한가롭기만 했다. 그 광경을 보면서 사람들이 사용하는 도구가 편리해질수록 오히려 그 도구에 대한 의존도가 높아져서 사람들이 자유롭지 못해지는 것이 아닐까 하는 생각이 문득 들었다.

: 오토바이, 자전거, 소가 끄는 수레, 걷는 사람
- 이들의 표정까지 봐야 하는데

38

바이샬리 근본 사리탑

09시 29분, 큰 강처럼 보이는 호수를 끼고 시원한 나무 그늘 아래로 쭉 뻗은 길이 나타났다. 사람들이 한가롭게 오가는 그 길가에 관광 상품을 파는 위태위태한 천막가게가 보였다. 드디어 바이샬리 근본 사리탑이 있는 곳에 도착한 것이었다.

: 바이샬리 근본 사리탑의 앞은 큰 나무들이 호법신장들처럼 서 있었다

바이샬리는 부처님과 유난히 인연이 깊은 곳이다. 부처님께서 출가하시어 최초의 스승에 해당하는 수정주의(修定主義)의 대가 알라라 깔라마(Alāra Kālāma)를 만난 곳이고, 성(城)의 서쪽에 있던 빠후뿌뜨라까(Pahuputraka - 다자탑多子塔으로 한역, 부처님 당시에 이미 있었던 탑으로 부처님께서 이곳에서 자주 설법을 하셨던 모양이다. 가섭존자의 삼처전심 중 부처님께서 가섭존자와 자리를 나눠 앉으셨다는 다자탑전반분좌〈多子塔前半分座〉가 있었던 곳이다.)에서 마하가섭(摩訶迦葉 - 마하아 까아샤빠Mahā Kāśyapa)을 인정한 곳이기도 하며, 부처님께서 마지막 안거를 하신 곳이기도 하다.

근본 사리탑(릿차비 스투파, 또는 레릭 스투파라고 불림)의 입구는 철제대문이 걸려 있었고, 그 위에 아치를 만들어 거기에 인도어와 영어로 '바이샬리 불탑유적' 이라고 써 놓았다.

: 안쪽에서 돌아본 근본 사리탑원의 정문

: 이곳이 근본 사리탑이었음을 알리는 영어 표기

입구에 서니 드넓은 정원 한가운데 복발탑 모양의 조형물이 멀리 보였다. 얼핏 보면 마치 큰 우산을 펼쳐 세워 놓은 모양이다. 참 묘하다고 생각하면서 일직선으로 정원을 가로지르는 벽돌 깔린 길을 따라가니 안내판이 서 있었다. '붓다의 사

리탑(Buddha's relic stupa)' 이라는 제목으로 설명하고 있는데, 부처님께서 쿠시
나가라에서 대열반에 드신 후 사리를 여덟 등분하여 탑을 세운 팔대 탑 중의 하나
라고 적고 있다.

: 드넓은 정원의 한가운데에 보이는
탑지

: 근본 8대 사리탑 중의 하나임을
알리는 안내석

: 정문에서 사리탑지까지는
벽돌이 깔린 곧은 길이다

: 먼저 도착한 대중들이 안을
살피고 있다

가까이 다가가 확인해 보니 우산모양은 양철로 만든 지붕이었다. 탑의 기단부
(基壇部)를 보호하기 위해서였겠으나 잘 어울린다고 할 수는 없었다. 그렇다고
부처님을 그리워하는 마음과 부처님을 예경하는 마음이 달라질 리가 있겠는가.
향을 올리고 탑돌이를 하는 대중들의 표정은 더없이 진지했다.

우요삼잡(右繞三匝 - 자신의 오른쪽을 부처님이나 탑으로 향하게 하여 시계방향으로 세 번 도는 예법)의 탑돌이를 마치고 안을 자세히 살피니, 약간 울퉁불퉁한 것이 이제까지 참배했던 사리탑과는 전혀 달랐다. 반쯤 흔적이 사라진 원형의 벽돌 쌓음이 보이고, 그 안에 굳은 흙더미가 있으며, 그 가운데에 사각의 방모양이 남아 있는 형태였다. 그리고 보니 조금 전 안내문에 이런 설명이 있었다. "기원전 5세기 마우리아왕조 때 만들어진 원래의 탑은 진흙으로 만든 직경 8.07미터의 작은 탑이었다. 숭가왕조와 쿠샨왕조 때 4차에 걸쳐 벽돌로 에워싸 직경 12미터로 증축되었다."

1957~8년 아르데카르 박사의 주도로 탑에 대한 발굴조사가 이루어졌는데, 이때 높이 5.2㎝ 직경 4.9㎝의 사리병과 작은 돌상자 등이 발굴되었다고 한다. 사리병에는 '부처님의 사리'라는 명문(銘文)이 없었지만 학자들은 출토상황과 스투파 구조로 봤을 때 부처님 당시 조성된 것으로 추정하였다. 아마도 진흙 중앙에 있는 작은 방 구조의 사각 구덩이가 사리병 등이 출토된 장소일 것이다.

: 근본 사리탑의 원형을
짐작케 하는 탑의 하단부

: 건너편으로 돌아가 찍은
사리탑 하단부

건너편 울타리 밖에서 안을 들여다보는 대중들을 보다가 문득 바이샬리 기적을 떠올랐다. 그 옛날 바이샬리의 릿차비인들도 우리 대중들처럼 간절히 부처님을 뵙고자 했을 것이다.

부처님께서 두 번째로 바이샬리를 찾은 것은 성도 후 8년쯤의 일이었다. 그때 바이샬리는 극심한 가뭄으로 굶주림과 질병에 시달리고 있었다. 자이나교나 바라문교의 성직자를 청해 치유를 위한 제례를 올렸으나 소용이 없었다. 그래서 마가다국에 계시던 부처님을 모시기 위하여 대표를 파견했다. 릿차비의 대표는 부처님을 모시고 갠지스강을 건너 바이샬리로 향했다. 부처님께서 릿차비족이 사는 곳에 이르자 구름이 몰려들어 비가 내리기 시작하였다. 부처님과 제자들은 비를 맞으며 계속 걸어서 삼일 후 바이샬리에 도착하였다. 사람들은 모두 기적이라며 부처님을 열렬히 환영하며 맞았다. 그 비는 7일이나 계속되었다. 비가 그치자 부처님은 제자들에게 거리를 돌며『보경(寶經, Ratna Sutra)』을 외우게 하였다. 그러자 전염병도 끝났다.

: 건너편의 대중들을 바라보는 순간 바이샬리의 기적이라고 일컬어지는 일이 떠올랐다

내가 진흙의 탑, 그것도 바닥만 남은 탑을 보면서 아득한 세월 너머 바이샬리 사람들이 느꼈을 그 감동에 공감하고 있다면 과연 누가 수긍할까?

탑을 떠나 돌아 나오는데 참 아름다운 장미들이 보였다. 푸른 잔디밭에 붉게 핀 장미는 참으로 도도해 보였다. 부처님께서 바이샬리에 오셨을 때도 저 장미처럼 도도한 여인이 있었다.

바이샬리에는 도시에서 가장 많은 유희(遊姬 - 노는 여자, 술집 여자, 기녀)를 거느린 암라팔리(Āmrapāli - 아암라빠알리이, 菴羅女암라녀, 암바녀菴婆女, 암수녀菴樹女, 암몰라녀菴沒羅女 등으로 한역)가

: 이 하얀 장미는 마치 사리를 대신하는 듯 고고한 모습이다

있었다. 바이샬리의 거의 모든 남자들은 암라팔리를 보고 싶어 했고, 오직 그 이유만으로 암라팔리의 유곽(遊廓)은 언제나 남자들로 붐볐다. 그런데 어느 날 유곽에 남자들의 모습이 사라져 버렸다. 처음 당하는 이 황당한 상황이 이해되지 않았던 암라팔리가 그 까닭을 알아봤더니 샤카무니 붓다의 설법이 있다는 것이었다. 이

: 이 붉은 장미를 보는 순간 마이샬리의 여걸이었던 암라팔리가 생각났다

세상의 어떤 남자라도 유혹할 수 있다고 자신감에 젖어있던 암라팔리는 자신이 샤카무니를 유혹하겠노라고 큰소리치며 설법하는 장소로 찾아갔다. 그러나 부처님의 설법을 들은 암라팔리는 곧바로 신자가 되었고, 자신의 망고 숲에 절을 지어서 부처님께 바쳤다. 이곳을 암라수원(菴羅樹園 - Āmrapālī-ārāma, 아암라빠알리이-아아라라아마)이라고 하는데, 『유마경(維摩經)』이 설해진 장소이다.

바이샬리 근본 사리탑을 나와 앞에 있는 '카라우나 포카르' 호수로 갔다. 이 호수는 '아비세카 푸스카루니' 라고도 불린다. 그 옛날 공화국이었던 이곳에서는 국왕을 선출했는데, 선출된 왕은 중요한 의식에 이 호수의 물을 성수로 사용하였다. 그 전통을 이어받아 오늘날에도 인도 국회에서는 중요한 의식에 이 호수의 물을 사용한다고 했다.

호수의 물은 녹조와 수초로 덮여 있었고, 수초는 예쁜 꽃을 피우고 있었다. 비록 별로 맑지 않은 물 위였지만 햇빛은 보석처럼 반짝거렸다.

: 카라우나 포카르 호수는 얼핏보면 마치 강 같았다

: 호수에 핀 수초의 꽃이 많은 얘기를
해주었다

: 비록 맑지 않은 물 위였지만 햇빛이
반짝거렸다

호수의 건너편에 하얀 탑이 보여서 물어봤더니, 일본 법륜종에서 제2차 결집장
소로 추정되는 숲 곁에 절을 세웠단다.

부처님께서 대열반에 드신 후 100년쯤의 일이었다. 아난존자의 제자이며 계율
에 밝은 야사 장로가 상업도시 바이샬리를 방문하였다. 어느 날 야사 장로는 젊은
스님들이 신자로부터 금화와 은화를 시주받는 것을 보고는 깜짝 놀랐다. 곧바로
스님들에게 계율에 어긋나는 일이라고 지적하였는데, 젊은 스님들은 이미 시대
적 상황이 달라졌다며 반발했다. 야사 장로는 이 문제를 해결하기 위해 7백 장로
를 소집했다. 그리고는 바이샬리에 거주하는 스님들 사이에 있었던 계율에 어긋
나는 열 가지 행위를 문제 삼았다. 이것을 '칠백 장로 결집' 또는 '제2차 결집'이
라고 하며, 이때 다루었던 문제를 '열 가지 옳지 않은 일' 즉 십사비법(十事非法)
이라고 한다. 이것은 '소금을 비축해도 된다' 거나 '돈을 저축했다가 물품을 구해
도 된다' 는 등의 기존 계율에 어긋나는 주장이었다. 장로들은 이 문제를 '옳지 않
은 일' 즉 비법(非法)이라고 규정했다. 그러나 혁신적인 릿차비 비구들은 시대상

황에 맞지 않는다며 이 결정에 반발했다. 이 일은 결국 세월이 흐르면서 전통을 그대로 유지해야 한다는 장로들이 중심이 되는 상좌부(上座部)와 계율을 시대상황에 맞게 탄력적으로 적용해야 한다는 혁신파인 대중부(大衆部)로 갈라지는 계기가 되었다.

: 제2차 결집 장소로 추정되는 숲 곁에 세웠다는 일본 법륜종의 사찰

39

바이샬리 대림정사

카라우나 포카르 호수에서 숨을 고른 후 버스에 올랐다. 그리고 째깍 째깍 째깍 다 왔으니 내리란다. 대림정사(大林精舍) 유적은 지척에 있었다. 도로 변에 일주문격인 표문(表門)의 가로 기둥에는 법륜(法輪)과 사리병 모양의 문양 을 두어 이곳이 부처님과 인연이 있는 곳임을 나타내었다. 그 문 안으로 곧게 뻗 은 길이 유적지로 향하고 있고, 길 양쪽으로는 가난한 시골 농가의 모습이 펼쳐져 있었다.

: 대림정사 유적지임을 알리는 바깥문 - 법륜과
사리병 모양이 불교 유적지임을 나타냄

유명한 관광지라는 것을 염두에 두고 정리를 한 듯 정갈하게 보이긴 했으나, 옛날 우리 시골에서 갈대를 엮어 만든 울타리 모양으로 담과 벽을 만든 모양이었다. 그러나 자세히 살펴보니 살림살이는 열악한 듯했다.

어린 염소를 돌보는 노인은 마치 가난한 시절의 우리네 할머니를 연상케 하였고, 집 뒤로 펼쳐지는 유채 밭도 내 어릴 적 뛰어 놀던 고향마을 같았다. 그 밭들 사이로 한 쌍의 모녀가 정겹게 거니는 모습이 보였는데, 웬일인지 코흘리개 시절 엄마 치맛자락 붙잡고 따르던 내 모습이 떠올랐다.

: 인도의 가난한 시골 모습을
보여 주는 마을

: 어린 염소를 돌보는 노인네는 우리의
옛 할머니를 연상시킨다

: 마을 집 뒤로 펼쳐지는 유채 밭

: 밭 가운데를 거닐고 있는 모녀의 모습

10여 분을 걸어 유적지의 정문에 이르렀다. 아치 아래의 철제문은 굳게 닫혀 있었고, 좁은 쪽문만 한사람씩 출입하게끔 열어 두었다. 문을 통과하자 바로 표지석이 보였다. 거기엔 '꼴후아의 옛 바이샬리 유적(Remains of ancient Vaisali, Kolhua)' 이라는 제목 아래에 원숭이 왕이 부처님의 발우에 꿀을 공양 올린 내용이라든지 또는 암라빨리가 출가하여 비구니가 된 곳이라는 사실 등을 설명해 놓았다.

: 대림정사의 내력을 알리는 안내문

: 대림정사의 닫혀 있는 정문
- 안에서 촬영

넓게 열려 있는 진입로와 질서 있게 펼쳐진 정원이 시원스러웠다. 멀리 보이는 탑과 그 위로 보이는 아소카 석주의 사자상이 우리를 맞아준다. 부처님께서 열반에 드시고 2백 년쯤 흐른 뒤 아소카왕이 출현하여 인도를 통일하였다. 그는 전쟁의 참상을 참회하는 마음으로 부처님 성지를 참배하면서 가는 곳마다 석주(石柱-돌기둥)를 세웠는데, 그 원형이 가장 잘 보존된 곳이 바로 이곳 대림정사 유적이다. 얼핏 보기에도 석주는 완벽했으며, 꼭대기의 돌사자는 금방이라도 뛰어내릴듯 했다. 1969년 발굴할 때까지 이 석주는 중간까지 땅에 묻혀 있었는데, 발굴한 결과는 높이가 13m 정도이고, 하단 직경이 1.25m이고 상단 직경이 1m쯤 된다고 한다. 방향은 북쪽으로 얼핏 보면 탑을 향하고 있는 것으로 보이지만, 사실은 부처님께서 열반에 드신 쿠시나가라를 향하고 있다고 한다.

: 탑과 아소카 석주를 동시에 본 모습

: 아소카 석주 위의 사자상

: 인도 전체에서 가장 완벽한 모습으로 남아 있는
아소카 석주

탑 앞에 이르자 순례자들이 공양 올린 꽃이 보였다. 우리는 그 앞에 침향과 차를 공양 올렸다. 그리곤 샤카무니를 떠올리며 예불을 올리고 반야심경을 봉독한 뒤 석가모니불 정근을 하며 탑돌이를 하였다. 탑은 남아 있는 높이가 10여m에 이르고, 직경이 20여m에 이른다. 탑돌이를 하면서 우리는 화엄(華嚴)의 세계 속으로 들어갔다.

대림정사의 중각강당(重閣講堂)은『화엄경(華嚴經)』「입법계품(入法界品)」이 설해진 장소이다. 선재동자(善財童子)가 그러했듯 이 순례자들은 수많은 선지식들을 만나며 깨달음의 경지로 나아가는 것이다.

: 탑에 올려진 꽃과 향과 차의 공양물

: 부처님을 향한 그리움과 예경

: 탑돌이를 하며 석가모니불 정근을 하다

　탑돌이를 마치고 돌아보니 처음 예불을 올릴 때부터 얌전히 탑을 향하고 있던 개가 한결같은 모습으로 기도하듯 앉아 있었다. 사실 대림정사는 부처님과 동물과의 교감을 잘 보여주는 곳이기도 하다. 『아함경(阿含經)』에서도 언급하였듯이, 이곳은 원왕봉밀(猿王奉蜜) 또는 원후봉밀(猿猴奉蜜)이라고 일컫는 일이 있었던 곳이다. 어느 날 부처님의 발우가 제자들의 발우와 섞여 있었는데, 원숭이가 부처님의 발우를 가려서 그 안에 꿀을 가득 채워 공양 올렸다. 그리고 원숭이들은 부처님께서 목욕을 하실 수 있도록 연못을 팠는데, 그것을 원후지(猿猴池)라고 한다. 탑에서 석주 쪽을 향해 돌아보면 큰 연못이 있는데 바로 원후지이다.

: 예를 올리는 동안 꼼짝 않고 경건한 자세를
취한 견공

: 대림정사의 인연에 대한 설명을
듣고 있는 대중

탑에서 서쪽으로 보면 건물의 기단부가 남아 있다. 그 사이를 오가다가 문득 불교승단의 아주 큰 사건 하나가 생각났다. 부처님께서 고국인 카필라를 방문하신 후 이모이며 키워 주신 어머니였던 마하파자파티(Mahāpajāpatī - 마하아빠자아빠티이)가 출가를 원했다. 하지만 당시의 열악한 환경 때문에 여자가 출가하여 숲에서 수행한다는 것이 어렵다고 보신 부처님께서는 출가를 하락하지 않으셨다. 그러나 마하파자파티와 태자비였던 야소다라 등이 계속 출가를 원하였고, 이윽고는 마하파자파티를 비롯한 500명이 대림정사까지 찾아와 출가를 허락해 달라고 다시 요청하였다. 이때 아난존자가 부처님께 간곡하게 요청을 드려서 이윽고 출가를 허락하셨다.

안내판에도 언급했듯이 이곳은 암라빨리가 출가하여 비구니가 된 곳이기도 하다. 앞서 설명했듯이 암라빨리는 자신의 망고원에 절을 지어 부처님께 바친 여걸이었다. 암라빨리의 일화 가운데 유명한 공양이야기가 있다. 부처님께서 암라수원에 오셨다는 소식을 들은 암라빨리는 부처님을 찾아 뵙고 마지막이 될지도 모를 공양을 자신이 올릴 수 있도록 요청하였고, 부처님께서는 그것을 허락하셨다. 릿차비족 유지들이 뒤늦게 도착해 이 사실을 알고는 암라빨리에게 일만 금을 줄 것이니 부처님과 제자들에게 올릴 공양을 양보해 달라고 부탁했다. 하지만 암라빨리는 온 세상을 다 준다고 해도 그럴 수 없다고 잘라 말했고, 결국 바이샬리의 마지막 대중공양은 암라빨리가 올렸다고 한다.

암라수원은 부처님께서 『유마경(維摩經)』을 설하신 곳이다. 유마힐(維摩詰 - Vimalakirti비말라끼르띠, 무구칭(無垢稱)·정명(淨名)이라 한역)은 바이샬리의 거사(居士 - 재가불자로 수행이 높은 남자)로, 부처님과 비슷한 경지로 설정되어 있다. 유마거사는 형식화된 모든 것에서 벗어나 부처님의 근본 뜻으로 돌아가야 한다는 것을 역

: 원후지 연못 건너편에서 살펴본 풍광

: 원숭이들이 부처님께서 목욕하실 수 있도록 하기 위해 팠다는 연못

설하는 대승불교의 상징적 인물이다. 따라서 유마경에서의 십대제자들은 이미 형식에 빠져버린 기존의 승단을 상징하고, 유마는 고착된 형식에서 벗어나 부처님의 가르침을 되살리려는 대승적 방향을 상징하고 있다. 문수보살이 깨달음에 이르는 길을 물었을 때 침묵으로 답한 유마의 불이법문(不二法門)은 유명하다. 그러나 유마의 상징적 침묵을 문수보살이 지혜의 안목으로 찬탄하며 설명하지 않았다면, 유마의 침묵도 그냥 침묵으로 끝났을 것이다. 따라서 유마와 문수는 둘이면서 둘이 아닌 것이다.

대림정사 유적지를 참배하고 나오는데 여학생들이 안내문을 읽고 있었다. 저들 중에 암라빨리의 후예가 있기나 한 것일까? 그렇거나 말거나 그네들의 싱그러움이 인도 불교의 미래였으면 좋겠다는 생각을 하면서 기분 좋게 문을 나설 수 있었다.

: 참배를 끝내고 나오다 만난 싱그러운 여학생들

부처님께서는 80세가 되던 해 바이샬리 죽림원에서 마지막 우기(雨期)를 보내셨다. 다른 제자들은 모두 다른 곳에 머물게 하고 아난다와 둘이서만 죽림원에 머문 것으로 보인다. 바로 이 안거에서 부처님은 심한 병을 앓게 되는데, 간병을 하던 아난다가 걱정되어 "부처님께서 계시지 않을 때 무엇을 의지해야 합니까?" 하고 물었다고 한다. 이때 부처님께서는 다음과 같이 말씀하셨다.

"나는 남김없이 모든 법을 설했다. 비구들에게는 감추고 나만 가진 것도 없으며, '나는 비구들을 이끈다.' 거나 '비구들이 나를 의지하고 있다.' 는 생각도 없다.

설령 내가 입멸(入滅 - 열반에 드심)한다고 해도 비구는 스스로의 몸과 스스로의 마음을 알고, 또 법을 알고 나서 탐욕과 근심과 슬픔을 제거하고, 남에게 의지하지 말고 스스로를 등불로 삼고, 법을 등불로 삼아야 한다." (이 말씀은 『유교경(遺敎經)』 등에서는 최후 입멸시의 말씀처럼 기록되어 있다.)

우안거를 마치신 후 잠시 바이샬리에 머무시던 석존은, 근처의 모든 비구들을 모아 자신의 수명이 얼마 남지 않았음을 예언하시고 바이샬리를 떠나신다. 이때 비구들에게 다음과 같은 말씀을 하셨다.

"나는 노쇠하고 나이도 팔십에 이르렀다. 아난다여! 비유컨대 낡은 수레가 가죽 끈의 도움으로 겨우 움직여 가듯이, 여래의 몸도 간신히 움직이고 있다. 그러니 너희들은 더 늙기 전에 부지런히 수행하도록 해라."

부처님께서는 바이샬리가 보이는 언덕에서 큰 코끼리가 몸을 돌리듯이 천천히 바이샬리를 돌아 보시며 아난다에게 이렇게 말씀하셨다. "이로써 내가 바이샬리를 보는 것도 마지막이 되리라."

바이샬리의 릿차비족 사람들이 부처님을 다시 뵈올 수 있을지를 염려하면서 계속 따라왔다. 부처님께서는 강을 건너시다가 강변에 남겨진 릿차비족을 위해 발우를 물에 띄워 보내셨다고 한다.

부처님께서 바이샬리를 떠나시던 그때를 생각하니 발걸음이 점점 무거워졌다. 아득한 그 옛날 부처님을 떠나보내던 릿차비 사람들의 안타까움을 생각하던 내 눈에 문득 누워있는 나귀 한 마리가 들어왔다. 강의 이쪽에 남겨진 릿차비 사람들도 저러했을까?

: 지친 듯 누워 있는 나귀 - 이 나귀의 모습과 릿차비 사람들의 모습이 겹쳐졌다

40

쿠시나가라로

　10시 55분에 바이샬리를 떠나며 돌아보니 그 옛날 부처님을 따라 강변까지 눈물을 뿌리던 릿차비족의 후손들은 복잡한 삶의 현장에서 제 갈 길로 바쁘기만 했다. 물론 우리를 태운 버스도 갈 길이 먼 탓으로 부처님께서 돌아보셨듯이 천천히 둘러볼 여유를 갖지 못하고 빠르게 바이샬리를 벗어나고 있었다.

: 떠나며 돌아본 바이샬리 - 릿차비족 후손들은
바쁘기만 하다

부처님께서 그러하셨듯이 우리는 부다가야를 지나 영취산에서 잠시 걸음을 멈췄고, 다시 라자그리하를 둘러본 후 나알란다를 거쳐 바이샬리에 이르렀으며, 마지막 열반의 도시 쿠시나가라를 향해 길을 나서고 있었다.

: 우리가 순례한 곳의 지도.
보드가야에서 위로 바이샬리에서 서쪽으로

바이샬리를 떠나자 곧 인도의 평원이 나타났다. 가도 가도 비슷한 풍경이 이어지고, 고속도로는 확장 또는 재정비를 하느라고 가끔씩 주행도로가 폐쇄되면 반대차선으로 내달았다. 차선도 없는 고속도로 편도를 왕복으로 내닫는 것이 참으로 위험해 보이기도 했으나 운전기사는 전혀 개의치 않았다.

: 고속도로는 공사중이라고 차선도 없는 한쪽 길로
왕복을 하고 있다

갈 길이 멀어 쉬지 않고 내닫기를 두 시간 반 정도를 했을 즈음에 완전히 짚으로만 지은 집들이 나타났다. 인도 순례를 하면서 처음 만나는 이 마을은 대체 어떤 사람들이 사는지 궁금했다. 생각 같아서는 버스를 세우고 알아보고 싶었으나 잠든 대중들을 깨울까봐 참기로 했다.

: 짚으로만 만든 집들이 있는 촌락엔
어떤 사람들이 살까?

다시 20여 분이 지나 버스는 그래도 좀 나은 마을을 지나고 있었는데, 마침 집 앞의 공터에서 탈곡을 하고 있었다. 그런데 그 모양이 완전히 원시적이었다. 평상을 두고 거기에 볏단을 두들겨 벼를 떨어내고 있었는데, 스치며 보는 내가 오히려 걱정스러웠다. 저래서 언제 탈곡을 마친다는 말인가?

　나도 어린 시절을 산골에서 보냈기에 탈곡기의 변천을 어느 정도 아는 셈이다. 처음에는 쇠로 된 긴 이빨이 촘촘한 탈곡기를 발로 버티면서 벼를 한 움큼 쥐고는 힘껏 당기면 쇠 이빨 사이로 벼가 지나면서 나락이 떨어졌다. 이건 완전히 완력으로 탈곡하는 방식이었다. 다음으로 나타난 것이 강한 철사가 박힌 원통을 발로 회전시키면서 그 위에 벼를 얹으면 탈곡이 되는 방식이었는데, 능률이 향상되긴 했으나 이 또한 다리와 팔의 힘으로 하는 작업이었다. 그 다음으로 기계의 동력으로 돌리는 탈곡기에 사람이 벼를 들고 조절하는 탈곡방식이었는데, 이것은 팔의 힘을 잘 조절하기만 하면 그나마 많이 수월한 방식이었다. 요즘에는 기계가 벼를 베면서 탈곡까지 하는 방식이니 격세지감이 있다. 그런데 인도에서 맨손으로만 하는 탈곡작업을 보다니…….

: 아주 단순한 방법으로 탈곡을 하고 있는 농부

    13시 35분경 대중들의 생리작용을 해결코자 허허벌판에 버스가 섰다. 길에서 30여 미터쯤 떨어진 곳에 길게 자란 풀이 우거져 있어서 몸을 숨길 수 있었다. 참 우주적인 해우소(解憂所 - 근심 푸는 곳)였다. 그 장소가 명당이었던지 많은 순례자들이 다녀간 모양이었다. 먼저 일을 본 사람들이 남긴 것은 시간이 지나면 먼지를 뒤집어 쓴 채로 약간 말라서 땅과 잘 구분이 되질 않는데, 여행 가이드들은 이것을 지뢰라고 표현한다. 바로 이 지뢰를 일행 중 누군가가 밟고 말았다. 주변에 물도 없는 장소인지라 씻을 수도 없었고, 그대로 버스에 오르면 난리가 날 것이 뻔했다. 결국 우리는 갈증을 해결하기 위해 준비한 생수를 신발에다 쏟아 부어야 했다.

    14시 04분, 버스가 도로에서 벗어났다. 곧 눈앞에 작은 건물이 나타났다. 'RK-모텔'이라는 간판이 눈에 들어왔다. 이 외딴 곳에 웬 모텔이람? 둘러보니 길을 잃은 사람이나 묵을 듯한 분위기였다. 이곳이 오늘 점심공양을 해결할 곳이란다. 식사를 준비하는 시간이 필요하다고 해서 주변을 둘러보니 거의 사람의 손길이 닿지 않았음을 알 수 있었다. 겨우 해우소를 찾아 문을 열었더니 모기 군단이 놀라서 날아오르는데 앞이 보이지 않을 정도였다.

: 우주에서 가장 큰 해우소를 다녀 오는
길입니다

: 모텔에서 멋진 곳은 이곳 뿐이었다

낡아 금방이라도 주저앉을 것 같은 평상이 여러 개 놓여 있는 곳이 일반 식당인 모양인데, 사람이 앉았던 흔적을 찾기 어려웠다. 우리가 식사한 곳은 귀빈실로 탁자에 나무의자까지 갖추었다. 20여 분이 흐르자 핀두가 솜씨를 발휘하여 음식 몇 가지를 차려 놓았다. 시장하던 참이라 모두들 맛있게 먹었다. 쿠시나가라로 가는 길에 먹은 점심인지라 춘다가 부처님께 올린 공양이 생각났다.

부처님께서는 바이샬리를 떠나 반다 마을과 핫티 마을을 지나 간다카 강을 건너시고 몇몇 마을을 거치시며 이윽고는 쿠시나가라에서 50여 리 떨어진 파바 마을에 이르시어 대장장이의 아들 춘다의 망고 숲에 머무시게 된다. 춘다는 부처님과 제자들을 공양에 청하였다.

: 이곳은 일반인들이 식사하는 식당이다

: 이곳이 귀빈 식당 - 우이사가 열심히
모양을 내고 있다

: 점심공양의 공덕주인 핀두와 그의 조수

: 지나다가 보게 된 설겆이 장소는
위생과는 거리가 멀다

이 공양초청으로 춘다는 많은 가르침을 받게 되지만, 부처님께는 이것이 마지막 공양이 되었다. 부처님께서도 그것을 알고 계셨던 것 같다. 부처님께서는 춘다가 특별히 공양 올린 스카라맛다바(전단나무버섯요리 또는 돼지고기요리)를 제자들에게는 주지 말라고 하신 뒤 당신만 드셨는데, 얼마 되지 않아 심한 복통이 일어났다. 부처님께서는 제자들에게 서둘러 쿠시나가라로 가자고 하시어 춘다의 집을 떠나신다. 문제가 심각하게 된 것을 안 제자들은 춘다를 원망했고, 춘다는 어쩔 줄 몰라 하며 뒤를 따랐다.

부처님께서는 대중들과 춘다의 마음을 읽으시고는 다음과 같이 말씀하셨다.

"여래는 춘다의 공양으로 열반에 들게 되는 것이 아니니라. 춘다의 공양은 내가 성불하기 직전에 수자타가 올린 공양처럼 무량한 공양이 되느니라. 그대들은 춘다를 원망해서는 안 되거니와 춘다의 이 마지막 공양 공덕을 세상 사람들에게 알리도록 해야 하느니라."

14시 55분, 모텔을 떠난 버스는 아직도 멀리 떨어져 있는 쿠시나가라를 향해 서쪽으로 내달았다. 얼마 가지 않아 다리 하나를 지나는데, 강변 모래사장에서 화장을 하는 모습이 들어왔다. 부처님께서도 이 강을 건너시어 당신의 육체를 불 위에 누일 장소로 향하셨을 것이다.

: 다리를 지나다가 만나게 된 강변의 화장

한 시간 후쯤 다리를 막고 공사를 하는 관계로 잠시 멈춰 섰다. 덕분에 개울가에 있는 공동묘지 비슷한 것을 보았다. 마치 유치원 같은 곳에나 있을 법한 작은 탑 모양의 조형물들이 여러 색으로 치장한 채 옹기종기 모여 있었다. 아마도 어떤 의식 때문에 만들어 놓은 것이 아닐까하는 생각이 들었다.

: 좁은 다리를 공사하느라 막아 놓고 있다

: 이곳은 공동묘지인 셈인가.
유치원에 있을 법한 조형물들이다

12월이라서 그런지 16시 반경에 이미 서쪽에 노을이 내리기 시작했다. 드넓은 평원이라서 그런지 그 노을은 무려 한 시간 정도 서쪽 하늘을 물들이고 있었다. 노을 아래 벌판에서 피어오르는 연기를 보며 나는 또 아득히 50년 전쯤으로 돌아가 가을걷이 끝난 겨울 벌판 논두렁을 태우며 이리저리 뛰어다니고 있었다.

: 겨울철이라서인지 노을이 빨리 내리고 있다

: 한 시간쯤 지났는데도 비슷한 노을이다.
- 연기 때문에 잠시 어린 시절로 갔다

17시 50분, 바이샬리를 떠나 약 일곱 시간 걸려 쿠시나가라에 도착했다. 우리가 묵을 로얄 레지던시 호텔(Royal Residency, Kushinagar)의 로고는 특이하게도 부처님께서 설법하실 때 주로 사용하셨던 손 모양(수인手印)인 설법인(說法印)을 닮았다. 로비에는 석가모니불상이 모셔져 있었는데, 얼핏 보면 항마촉지인처럼 보이지만 자세히 보면 오른손이 촉지인(觸地印)이 아니라 소원을 들어준다는 여원인(與願印)이었다. 둘러보니 골동품이 몇 점 있어서 제법 분위기를 근사하게 만들어 놓았다.

: 쿠시나가라 로얄 레지던시 호텔 - 오른쪽 현관문에
설법인 모양의 손이 보인다

: 석가모니불인데 왼손은 선정인이고
오른손은 여원인이다

: 로비에 이런 골동품이 몇 점 분위기를
내고 있었다

18시 30분부터 90여 분간 모처럼 여유로운 만찬을 한 후, 대중들과 호텔 밖으로 나섰다. 바로 앞에 대한사(大韓寺)가 보였으나 내일 아침에 참배키로 하고는 어두운 밤거리를 거닐며 대지의 향기에 취해 보기로 했다. 고개를 들어 하늘을 보니 별이 총총했다. 밤이슬을 맞으며 돌아오니, 호텔의 안내판이 어둠 속에서 얼굴을 내밀었다.

: 밤구경을 나서다가 돌아본 호텔 현관

: 밤이슬을 맞다가 돌아오니 이 안내판이
고개를 내밀었다

41
한국사찰 대한사

지난밤 모처럼 이른 22시경에 취침에 들었던 덕분에 새벽시간 세 시간 정도를 책과 함께할 수 있었다.

반신욕, 훈향(熏香), 정좌(靜坐)의 적막을 즐긴 후 짐을 꾸리고 식당으로 내려간 시각이 05시 30분경이었다. 깔깔한 입을 죽으로 달랜 뒤 체크아웃을 하였다. 현관 문을 나서는데 부처님께서 설법하실 때의 수인모양 호텔로고가 갑자기 커다랗게 다가왔다.

: 우리가 아침공양을 하는 시각의 호텔 밖은
짙은 안개만 서성이고 있었다

: 호텔을 떠나며 돌아보는 순간
유난히 크게 보였던 호텔의 로고

안개 자욱한 길을 건너 한국스님이 세운 절 대한사(大韓寺)의 문을 열고 들어섰다. 잔디가 깔린 마당에 석가탑 1기가 외국인이 한복을 입은 것처럼 어수룩하게 서 있었다. 관리를 맡은 인도인 불자가 나와서 인사를 하고는 2층의 법당으로 안내했다. 주지스님은 한국에 들어갔다며, 자기가 안내 및 관리를 하고 있다는 소개를 했다. 그동안 불교성지를 순례하면서 한국사찰이라는 곳은 가능하면 참배하려고 노력을 했다. 그래서 어려운 일정을 쪼개 찾아가곤 했었다. 그러나 대부분의 절에서 주지스님은 한국에 계신다는 설명을 들어야 했다. 해외포교라는 것이 얼마나 어렵겠는가? 그러나 어차피 해외 포교당을 만들었다면 현지인들을 포교해야 하지 않겠는가? 잠시 왔다 가는 한국 사람들을 생각하고 만들었다면 착각한 것이 아닐까?

: 짙은 안개 속에서도 설레는 마음으로
대중들은 예불하러 간다

모처럼 한국적인(?) 불상과 탱화를 모신 우리나라 절 법당에서 제대로 된 예불을 드리니 기분은 참 좋았다. 대중들도 신심이 충만해졌는지 머뭇

: 쿠시나가라의 한국사찰 대한사의 정문

: 정문 옆에는 태극기와 인도국기 그리고
한글로 대한사를 표기한 안내판이 서 있다

거림 없이 100달러를 보시함에 넣었다. 이것은 참으로 희유한 일이었다. 대개 외국여행 중인 한국 사람은 10불 가지고도 실랑이를 엄청 하기 마련이니까. 아침까지만 해도 주지스님이 계시면 특별 보시를 만들어 드리려 했는데, 스님이 계시지 않아도 계획대로 한 셈이 되었다.

: 쿠시나가라에서 이 정도의 사찰을 짓는 것도
힘들었을 것이다

: 약간 어설픈 모양이지만 한국의
석가탑이 마당에 서 있었다

: 한국에서 조성했음을 알 수 있는
불상과 후불탱화

2층 법당 앞에서 안개 자욱한 쿠시나가라(Kuśinagara - '꾸쉬나가라' 가 범어에 가까운 발음임. 현재는 'Kushinagar꾸쉬나가르' 로 표기함)를 보고 있자니, 부처님께서 열반에 드시기 직전의 모습들이 떠올랐다.

부처님께서는 열반에 드실 때가 되었다고 생각하시어 아난다에게 이르셨다. "아난다여! 그대는 이제 쿠시나가라에 들어가 모든 말라족 사람들에게 이렇게 알려라.

'쿠시나가라 사람들이여! 부처님께서는 오늘 밤중에 두 그루 사라나무 사이에서 열반에 드실 것입니다. 그대들은 모두 부처님을 뵙고 모든 의심되는 것을 묻고 직접 가르침을 받으십시오. 그대들은 이때를 놓쳐 뒷날 후회하는 일이 없도록 하십시오.' 라고."

쿠시나가라 성에는 말라족(末羅族, Malla)이 살고 있었는데, 부처님의 다비(茶毘 - 화장火葬)는 바로 이 말라족 사람들에 의해서 봉행된다. 때문에 이들에게 부처님께서 열반(涅槃)에 드실 것이라는 사실을 미리 통지하게 되고, 쿠시나가라 성의 말라족들은 부처님께서 열반에 드시기 직전에 인사를 드리고 또 질문할 수 있는 기회를 갖게 된 것이었다.

성안에는 120세에 이른 '수바드라' 바라문이 있었는데, 이 소식을 듣고는 부처님을 찾아뵙고자 했다. 그러나 너무 늦게 도착한 관계로 아난다존자는 거절할 수밖에 없는 상황이 되고 말았다. 바라문은 그럴수록 부처님을 직접 뵙고는 당신의 궁금한 점을 여쭙고자 했다. 이 대화를 들으신 부처님께서는 바라문을 가까이 오게 해서 팔정도(八正道)를 설하시어 마음을 열리게 하셨다. 수바드라는 너무나 기쁜 나머지 부처님의 출가제자가 되고자 했고, 부처님께서 허락하시어 최후의 출가자가 되었다.

아난다존자는 곧 부처님께서 열반에 드실 것을 알고는 최후의 질문을 여쭙게 된다.

"세존이시여! 지금까지 저희들은 의심이 있으면 세존을 뵙고 가르침을 받아 왔습니다. 부처님께서 열반에 드신 후에는 가르침을 받을 수도 없고 우러러 뵈올 수도 없습니다. 어찌하면 좋겠습니까?"

아난다의 질문을 받으신 부처님께서는 지극히 고요하고 평화로운 상태에서 다음과 같이 말씀하셨다.

"아난다여! 너무 걱정하지 말라. 여래의 모든 제자들은 항상 네 가지를 생각하면 된다. 그것은 여래가 태어난 곳과 처음으로 도를 이룬 곳, 그리고 진리를 처음 설한 곳과 열반에 드는 바로 이곳을 생각하면 될 것이다. 이 네 곳을 생각하고 기뻐하여 보고자 하며 기억해 잊지 않고 아쉬워하며 사모하는 생각을 내면 될 것이다.

아난다여! 내가 열반에 든 뒤에 여래의 제자들은 다음과 같이 생각하면 될 것이다.

'부처님께서 태어나실 때의 공덕과 도를 증득하셨을 때의 신력은 어떠한가? 부처님께서 진리를 설하시어 사람들을 교화하시던 모습은 어떠하며, 열반에 이르러 남긴 법은 어떠한가?'를 생각하여, 각각 그곳을 방문하고 모든 탐사를 예경한다면, 여래를 만나 가르침을 듣는 것과 다름이 없을 것이다."

부처님께서는 이미 다비절차나 사리분배 등의 문제에는 출가제자들이 일체 관여치 말고 오로지 수행에만 매진하라고 말씀하셨다. 그런데 여기에서는 사대성지를 순례하고 불탑을 예경하라고 말씀하셨다. 이 두 말씀을 두고 모순된다고 생각할 수 있겠으나, 뒤의 답변은 제자들이 인간적으로 부처님이 그리워지고 뵙고 싶을 때 어떻게 해야 하느냐는 아난다존자의 질문에 대한 것이다. 이는 부처님께서 세상에 계실 때의 모든 일들을 생생하게 떠올려서 부처님의 가르침을 잊지 않고 수행케 하기 위한 방편인 것이다.

다음으로 부처님께서는 최후의 말씀을 하셨다.

"비구들이여! 내가 열반에 든 뒤에는 계율을 존중하되, 어둠 속에서 빛을 만난 듯이, 가난한 사람이 보물을 얻은 듯이 소중하게 여겨야 한다. 계율은 그대들의 큰 스승이며, 내가 세상에 더 살아 있다 해도 이렇게 가르칠 것이기 때문이니라. 비구들이여! 계는 해탈의 근본이니라. 이 계를 의지하면 모든 선정이 이로부터 나오고, 괴로움을 없애는 지혜가 나온다. 계는 가장 안온한 공덕이 머무는 곳임을 알아라.

모든 것은 쉼 없이 변해가니 부디 마음속의 분별과 망상과 밖의 여러 가지 대상에 집착하지 말고 한적한 곳에서 부지런히 정진을 하라. 부지런히 정진하면 어려운 일이 없을 것이다. 한결같은 마음으로 게으름을 원수와 도둑을 멀리하듯 하라. 여래는 방일(放逸 - 제멋대로 놀며 사는 것)하지 않았기 때문에 정각(正覺)을 이룬 것이니라. 마치 낙숫물이 바위를 뚫는 것과 같이 끊임없이 정진하라.

비구들이여! 이것이 마지막 설법이니라."

부처님께서는 말씀을 마치시자 고요히 열반에 드셨다.

대중들은 주지스님을 만나지 못한 것이 못내 아쉬운지 머뭇거리며 떠날 생각을 하지 않았다. 결국 기념촬영을 한 후에야 돌아보고 또 돌아보며 대한사를 떠났다.

: 법당 앞에서 건너다 본 쿠시나가라의 이른 아침 풍경

: 법당 옆에서 멈칫거리며 떠나기 싫어하는 대중들

42

부처님 다비한 곳

대한사를 나선 시각이 06시 38분, 10분 후쯤엔 그리 멀지 않은 부처님의 다비장소에 도착해 있었다. 버스에서 내리니 이른 아침의 안개 속 적막 속에 '라마브하르 스투파(Ramabhar Stupa)'가 흐릿한 모습을 보이고 있었다. 그것은 마치 은사스님의 법구를 다비할 때 내 눈에 비치던 장작더미의 모습 같았다.

: 이곳이 부처님을 다비한 곳이다

유적지는 울타리 안에 있었고, 철제대문은 굳게 닫혀 있었다. 쪽문을 통해 안으로 들어가자 한 무리의 사람들이 웅성거리고 있었는데, 관리하는 사람들과 순례자들을 상대로 탁발을 하는 수행자들이었다. 탑은 제법 넓은 정원의 한 가운데에 언덕처럼 있었다. 오랜 풍상 때문이었는지 아니면 부처님을 그리는 불자들의 눈물과 손길에 닳았는지 탑은 본래 모습이 많이 훼손된 상태였다.

: 관리하는 사람들이 빗자루를 들고 나오고, 그 뒤론 탁발자들이 보인다

동쪽을 붉게 물들이는 해를 등지고 예불을 올린 뒤 탑돌이를 했다. 안개가 마치 다비의 연기처럼 눈을 가렸고, 부처님을 향한 그리움이 강물처럼 가슴 안으로 흘렀다. 존경하는 스승을 떠나보낸 사람만이 그때의 심정을 안다. 11년 전 은사스님을 떠나보내던 내 심정은 새벽의 짙은 안개 속에 있는 것 같았다. 운구를 할 때부

터 시작된 눈물은 다비의 불길이 솟
아오르고 한 시간 뒤까지 그치질 않
아서, 내 곁에 누가 있는지를 몰라볼
정도였다. 그것은 나를 꾸중해 줄 분
이 더 이상 곁에 계시지 않음을 알아
챈 아픔 때문이었다.

: 동쪽 하늘엔 붉은 해가 솟아올라 우리를
  비추기 시작했다

: 부처님을 다비한 곳에 세운 '라마브하르 스투파' 에 예불을 올리고 있다

: 부처님을 그리는 마음으로 탑돌이를 하는 순례자들

부처님께서는 세수 80세를 일기로 이 세상과의 인연을 다하시고 열반에 드셨다. 이 열반을 지켜본 사람들의 슬픔은 말로 표현하기 어려웠다. 경전에서는 그 슬픔을 '대지가 크게 흔들리고 모골이 송연해지며 하늘에 천둥소리가 요란했다'고 표현했다. 마음의 충격이 바로 이러했던 것이다.

출가제자들은 눈물을 글썽이면서도 지그시 참았지만, 재가신자들의 경우는 통곡하며 땅바닥에 뒹굴었다고 표현하고 있다. 이때 아나율 존자가 "생명이 있는 것은 모두 멸한다. 부처님께서도 예외는 아니다. 이제 그만 슬퍼하라"고 달래었지만 소용없는 일이었다.

부처님이나 혹은 스님의 육신은 인도의 전통이기도 한 화장을 한다. 이를 다비(茶毘)라 하는데, 팔리어의 자아빼띠(jhāpeti)를 소리대로 옮긴 것이며, 소신(燒身) 또는 분소(焚燒)의 뜻이다.

부처님의 장례절차는 쿠시나가라의 말라국 장로들에 의해 진행되었는데, 우선 사라나무 둘레를 깨끗한 천으로 여러 겹 장막을 치고, 조문객들은 6일 동안 향과 꽃다발과 음악연주 공양을 올리었다. 그리고 부처님의 법구(法軀)는 향유로 채워진 관에 모셔졌다. 7일이 되는 날 사라나무 숲을 떠나 쿠시나가라 북문으로 들어가 동문으로 나와서 이윽고 다비장소에 모셔졌다. 부처님의 장례절차와 다비식은 전륜성왕의 격에 맞추어진 것으로 보이는데, 이 경우 다비식에 사용되는 나무는 전단향이나 침향목이며, 관 주위 다비용 나무에는 향유가 부어지고, 그 위에는 꽃으로 장엄되어진다.

7일 동안 멀리 있던 장로급 스님들이 대부분 모였기에 절차에 따라 나무에 불을 붙였지만 계속해 꺼졌다. 이윽고 마하가섭존자가 도착하여 부처님의 법구(法軀)를 모신 관을 돌며 예를 올리자 부처님은 관 밖으로 두 발을 내어 보이셨다. 그런 후에 관이 허공으로 솟아오르더니, 관 안으로부터 삼매의 불꽃이 나와 법구(法軀)를 공(空)으로 되돌렸다.

탑돌이를 한 후 대중들이 설명을 듣고 있는 사이에 홀로 떨어져 저만치 탑을 건너다보았다. 처음의 장엄했을 모습이 사라진 지금의 허물어진 탑이 참 친근하게 다가왔다. 그랬을 것이다. 석가모니부처님께서도 이 쿠시나가라에 도착하셨을 때 모든 것을 다 허물어버린 편안하고 친근한 모습으로 사람들을 대하셨을 것이다. 나도 모르게 두 팔을 벌려 부처님을 안아드리는 느낌으로 탑을 안았다.

: 탑돌이를 끝내고 설명을 듣고 있는 대중

: 말년의 부처님처럼 모든 것을 버린 친근한 모습의 탑

탑을 다시 돌며 보니 동쪽에 벽돌로 쌓은 단이 두 개 보였다. 하나는 부처님의 법구를 모셨던 관을 모신 것을 상징하고 또 하나는 다비에 필요한 여러 물건을 두었던 곳임을 상징한다는 설명을 들었다.

: 탑의 동쪽에 상징적인 두 개의 단이 벽돌로 만들어져 있다

고개를 들어보니 나무에 걸린 붉은 해가 마치 화광삼매의 불빛처럼 느껴졌다. 관이 허공에 솟아 스스로 불이 나와 태웠다는 이 기이한 얘기는 부처님의 삶을 잘 설명하고 있다. 부처님께서는 자신의 불꽃으로 마지막

: 부처님의 몸에서 나오는 화광삼매의
불꽃같은 태양

하나까지도 남기지 않으신 분이다. 어떤 인위적인 불꽃도 부처님을 적멸에 들게 할 순 없다. 부처님만 그렇겠는가. 우리 모두도 그리해서 자신의 지혜불꽃만이 자신의 모든 허물을 태워 적멸에 들게 하는 것이다.

: 탁발자들에게 보시를 하고 있는 대중
- 그 공덕은 분명한 것이다

참배를 끝내고 밖으로 나오니 탁발을 위해 나온 스님들이 발우를 내밀고 있었다. 우리 착한 순례자들은 모두 공덕을 쌓기에 바빴다. 설사 그들이 가짜 수행자라고 할지라도 순수한 대중의 맑은 보시공덕은 분명할 것이다.

부처님의 법구를 다비한 곳에 세운 '라마브하르 스투파'를 떠나며 돌아보니 동쪽 하늘에 맑은 해가 환한 빛을 뿌리기 시작했다. 마치 부처님께서 육체를 공(空)으로 돌리시는 그 순간 온 우주로 빛이 퍼져 나갔던 것처럼.

: '라마브하르 스투파(Ramabhar Stupa)'를
떠나며 본 하늘의 해

43

대적멸에 드신 곳 - 열반당 (1)

07시 13분, 열반당(涅槃堂 - Nirvana Mandir) 앞에 버스가 도착했다. '라마브하르 스투파(Ramabhar Stupa)' 로부터 1.5km 정도 떨어진 곳이다. 차에서 내리자 소년소녀들이 금잔화처럼 보이는 꽃으로 꽃다발을 만들어 들고 다니며 팔고 있었다. 신심 깊은 불자들이 부처님께 꽃다발을 올릴 수 있도록 도움을 주고 있는 것이다. 열반당 정원의 숲 위로 태양이 솟아올라 아소카탑과 열반당을 비추고 있었다.

: 부처님께서 열반에 드셨던 숲 위로 태양이 붉은 모습을 나타내었다

: 열반당과 아소카탑과 사라나무가 햇빛에 그 모습을 드러내고 있다

　출입구 쪽으로 길게 그림자를 드리워 마중 나온 사라나무의 그림자를 밟으며 열반당을 향한다. 옛 건물터임을 알게 해주는 붉은 벽돌 기단부들 사이로 조심조심 열반당을 향한다. 멀리 아소카 탑의 꼭대기에 비둘기들이 순례자를 맞아준다. 저 열반당 안에는 이제 대적멸에 드신 세존께서 누워 계실 것이다. 아마도 미소를 보이시며 2,500여 년 뒤의 제자를 맞아주실 것이다.

: 남쪽 측면에서 본 열반당과 아소카탑 - 탑 위에 까마귀들이 손님을 맞고 있다

사라쌍수 아래에는 붉은 벽돌의 기단부만 남은 집터가 있다. 부처님께서 북으로 머리를 두고 오른쪽 옆구리를 바닥에 대고 사자처럼 발을 포개고 누우셨던 자리이다. 벽돌로 만든 큰 정사(精舍) 안에 열반상(涅槃像)을 모셨던 원래의 열반당은 터만 남겼으며, 1956년에 심은 사라나무 두 그루가 그 자리를 지키고 있다.

: 현재의 열반당 앞쪽 옛 열반당 유적이 있는 곳에 서 있는 사라수

붉은 벽돌로 쌓아올린 기단 위에 세워진 지금의 열반당은 5세기 초에 스리랑카의 하리발라(Haribala) 스님의 보시로 조성되었다고 정원의 안내판에 설명하고 있다. 열반당에는 먼저 온 순례자들이 참배를 마치고 문 앞에서 웅성거리고 있었

다. 열반당은 특이한 모양이다. 남북으로 길게 지어진 이 건물은 마치 커다란 관(棺)을 연상시킨다. 남측과 북측과 서쪽에 둥근 창을 두어 빛이 들어가게 하였고, 서쪽에 출입문을 두어 드나들 수 있게 하였다.

: 옛 유적의 아랫부분만 남은 그 사이로 일행들이 바삐 걷고 있다

: 열반당 앞 뜰에 있는 열반당과
 아소카탑의 설명

: 서쪽에서 정문을 향해 바라본 열반당의 모습

문을 들어서며 부처님의 모습을 뵈었다. 부처님의 눈은 완전히 감긴 채 더 이상 세상에서 볼 것이 없다는 듯 미동도 하지 않았다. 얼굴 앞에는 공양 올린 꽃들로 장엄되었고, 발에는 꽃다발이 걸려 있었다. 최근에 만들어 올린 듯 금빛 가사가 부처님의 몸을 덮고 있었다.

부처님께서는 아난존자에게 사라나무 두 그루 사이에 가사를 네 겹으로 접어 북쪽으로 머리를 둘 수 있도록 자리를 만들게 하셨다. 그리고는 아주 천천히 오른 쪽 옆구리를 가사 위에 누이시고는 두 발을 가지런히 포개셨다.

: 열반당에 모셔진 열반상은 적멸의 모습을 보여준다

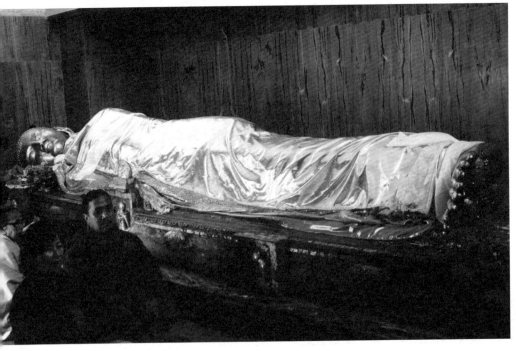

: 머리쪽에서 살펴 본 부처님의 열반상

: 열반상의 얼굴 모습 - 향기가 가득히 피어났다

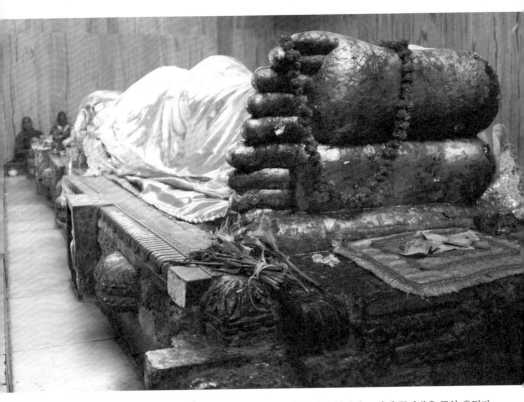

: 발쪽에서 살펴본 열반상 - 발에 꽃다발을 공양 올렸다

   경전에서 설명한 그대로 열반당에 모셔진 부처님의 모습을 뵙는 순간 나는 아련한 부처님의 향기를 맡을 수 있었다. 그 향에 답을 하듯 침향 하나를 피워 올렸다. 그리곤 마지막 목축임이라도 하시라고 차 한 잔을 공양 올렸다. 하지만 그것은 어디까지나 불자들의 마음속에 피어오를 향이며, 부처님을 향한 그리움에 목말라할 순례자들의 목축임을 위한 것이었다. 부처님은 본디 향기로 가득하시며 감로로 충만하시기 때문이다.

: 부처님의 향기에 답하여 침향을 공양 올렸다

: 부처님의 감로에는 미치지 못하지만 차 공양을 올렸다

44

대적멸에 드신 곳 - 열반당(2)

향과 차를 올린 후 예불을 올렸다. "시심귀명례…" 물기 젖은 대중의 예불소리에 열반당에 함께 자리한 남방의 스님들도 다른 순례자들도 모두 숙연해졌다. 가슴 가득 갠지스가 흐른 뒤, 석가모니불 정근을 하며 오른쪽 방향으로 부처님의 주위를 돌았다. 어느 순간 부처님의 입가에 앞에 놓인 꽃보다 더 아름다운 미소가 피어나는 것을 보았다.

: 우리가 예불을 시작하자 자세를 바로하고
함께한 남방 스님들

: 모두 함께 지심귀명례 --- 물기 젖은 목소리로
예불을 올렸다

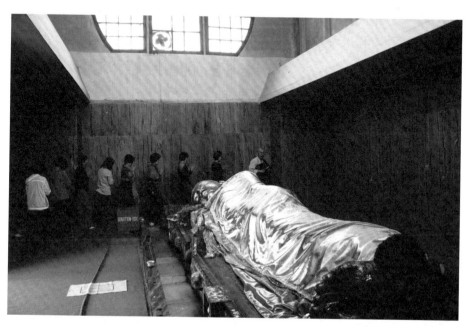

: 부처님을 오른쪽에 모시고 석가모니불 정근을 하며
세 번을 도는 예법을 올림

다른 순례자들을 위해 10여 분 만에 정근을 끝내고 부처님 앞에 정좌하고 앉았다. 부처님께서는 너무나 평화로우신 모습으로 적멸(寂滅)에 들어 계셨다. 오른손바닥을 오른쪽 뺨 아래에 대고 누워 계신 6.1m의 열반상은 마치 지금 막 잠에 드신 모습 같았다. 『대반열반경大般涅槃經-[빠알리어]Mahāparinibbāna Sutta』의 설명이 떠올랐다.

「부처님께서 서쪽으로 얼굴을 향하신 채 누우셨을 때 두 그루의 사라나무는 갑자기 하얀 꽃을 피워 부처님의 몸 위에 꽃잎을 뿌리기 시작했다. 그리고 하늘에서도 천상의 음악이 울리기 시작했다. 부처님께서는 아난다에게 다음과 같이 말씀하셨다.

"아난다여! 그대는 저 사라나무가 꽃을 피워 여래에게 공양하고, 천상에서도 음악을 울려 여래에게 공양하는 것을 보느냐? 아난다여! 아름다운 꽃과 감미로운 음악으로 여래에게 공양하는 것은 참다운 공양이 아니니라. 여래에 대한 진정한 공양은 법을 잘 받아 지니는 것이며, 법에 따라 잘 행하는 것이니라."」

「"아난다여! 내가 입멸한 뒤, 그대들은 '이제는 부처님의 말씀만 남았지 우리들의 큰 스승은 이미 이 세상에 계시지 않는다.' 고 생각할지 모른다. 그러나 그렇게 생각해서는 안 된다. 내가 입멸한 후에 내가 설한 법(法)과 율(律)이 그대들의 스승이 될 것이다."」

「"그럼 비구들이여! 이제 나는 그대들에게 마지막으로 말하겠노라. 만들어진 것은 모두 변해 간다. 게으름 피우지 말고 열심히 정진하여 그대들의 수행을 완성하여라."」

이 말씀을 끝으로 부처님께서는 고요히 눈을 감으시고 적멸의 세계 속으로 들어가셨다.

: 부처님의 얼굴 아래에 오른손이 손바닥으로
얼굴을 받치고 있다

열반상 아래를 살펴보니 세 사람의 부조가 있었다. 부처님 머리 아래엔 슬픔에
젖은 바사닉왕의 왕비 말리부인(말리까아Mallikā)의 오열하는 모습이 조각되어 있
고, 중앙에는 120세에 마지막 제자가 된 수바드라 스님(다른 곳에는 열반당을 보시한
하리발라Haribala 스님의 상이라고 하였음)이 부처님을 향해 뒷모습을 보이고 앉았으며,
무릎 아래에는 슬픔에 젖은 아난다가 조각되어 있었다. 그때 번쩍 빛을 발하며 부
처님의 두 발이 내 눈을 시원하게 했다. 45년간이나 온갖 땅을 밟으며 다녔던 저
발이야말로 자비의 표상이다. 나는 일어나 부처님의 두 발에 입을 맞추었다.

: 열반상의 얼굴 아래쪽에 오열하는 말리카 왕비의
　　　　　　모습이 조각되어 있다

: 마지막 제자가 된 수바드라 스님(또는 열반당을
　　　　　세운 스리랑카 하리발라 스님)

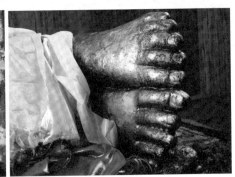

: 부처님의 발 아래쪽에 슬픔에 젖은
　　　아난다 존자상이 있다

: 정좌한 채 부처님을 살피던 내 눈에
　　　빛을 뿌리며 다가온 부처님의 두 발

: 우리의 뒤를 이어 참배하는 대만불자들

밀려드는 순례자들에게 자리를 내어주고 열반당을 나와 바로 뒤의 아소카 탑으로 갔다. 마치 한국의 범종(梵鐘)처럼 생긴 일명 '대반열반탑(大般涅槃塔-Mahāparinirvāṇa stupa)'은 다른 사리탑에서 보이는 발우를 엎어 놓은 모양의 복발(覆鉢) 모양과는 완전히 달랐다. 꼭대기의 우산처럼 생긴 상륜부(相輪部)를 제외하고는 완전히 하얀 회로 도포를 하여 하얀 탑이다. 지금의 열반당이 1956년 인도 정부에 의해 세워졌다고 했으니, 아마도 그때 다시 회를 입혀서 지금의 형태로 복원했을 것이다. 이 탑은 발굴 당시에도 상륜부를 포함하여 45m 남짓의 거대한 규모의 탑이었다고 한다. 석가모니불 정근을 하며 탑돌이를 하는 동안 비둘기들이 구구거리며 함께해 주었다.

: 열반당과 대반열반탑 사이에서
담론을 하는 두 분의 스님

: 탑돌이를 할때 함께 구구대며 날아올랐던
비둘기들

대중들과 기념촬영을 하고 열반당 앞의 옛 유적을 둘러본 후, 남쪽으로 돌아 승원이 있던 자리도 살피고, 다시 동쪽으로 가서 아난존자의 사리탑이라고 일컫는 탑도 돌아보았다. 부처님의 사촌동생이면서 제자였던 아난존자는 시자로써 부처님을 25년간 모셨는데, 열반탑의 곁에도 함께하고 있는 모습이 가슴 깊이 묘한 울림을 일으켰다.

: 열반당의 좌측 앞쪽의 유적에서 본
열반당과 아소카탑

: 남쪽의 승원 유적터에서 열반당과
대반열반탑을 본 것

: 대반열반탑 앞에 벽돌의 기단만 남은
아난다탑 유적

숲 너머로 금빛 탑이 보였으나 오늘 일정이 만만찮은 관계로 가보자는 말도 못하고 버스로 향했다. 그런데 문을 나서자 아이들이 작은 드럼 같은 것을 두드리며 노래를 불렀다. 마침 전날 교환한 루피가 남았기에 몇 장을 앞에 놓인 통에 넣어주었더니 천진한 웃음을 머금으며 더 신나게 두드렸다. 버스에 올라 그 아이들을 바라보던 내 귀에 어린 시절 범어사 저녁 예불에서 듣던 장중한 법고(法鼓) 소리가 들리기 시작했다. 그 소리가 잦아들 때쯤 부처님의 마지막 말씀이 진리의 북소리 되어 내 영혼을 일깨웠다.

"게으름 피우지 말고 열심히 정진하여 반드시 성불하도록 하라!'

: 숲 너머로 금빛의 탑이 보였으나
시간 관계상 참배하지 못했다

: 참배를 마치고 아쉬움을 가득 안은 채
열반당을 떠나는 대중

: 아득히 멀어지는 열반당을 보며 게으르지
말라는 부처님의 말씀을 떠올렸다

45

사르나트로 가는 길

8시 30분경, 우리는 쿠시나가라를 돌아보면서 먼 길을 나섰다. 부처님께서 최초로 법문을 하신 사르나트(Sarnath)까지는 일곱 시간 정도를 달려야 하는 것이었다.

: 쿠시나가라를 떠나며 마지막 찍은 사진 - 둥근 돔 위에
부처님의 형상이 나타났다

부처님께서 대반열반(大般涅槃 - 부처님의 죽음은 일반 사람들의 윤회하는 죽음과 다르다는 뜻으로 영원한 평화에 드셨다고 함)에 드신 쿠시나가라를 떠나 최초의 설법을 하신 녹야원으로 향하는 것이 참 묘하다는 생각을 하였다. 부처님께서는 두 번의 열반에 드셨다. 첫 번째의 열반은 보리수 아래에서 큰 깨달음을 이루셨을 때이고, 두 번째는 쿠시나가라의 사라쌍수 아래에서였다. 첫 번째의 열반은 삶의 고뇌가 모두 끝나는 시점이고, 두 번째의 열반은 인간으로서의 삶이 끝나는 시점이었다. 45년간의 중생교화를 끝낸 쿠시나가라를 떠나 최초의 설법지로 향하는 우리의 길이, 어쩌면 모든 수행을 끝내시고 부다가야를 떠나 다섯 제자를 향해 나아가시는 부처님의 그 길과 닮았다는 생각이 들었다. 끝은 언제나 새로운 시작이 아니던가.

부처님께서 부다가야를 떠나 사르나트로 향하시던 그 길은 참으로 먼 것이었다. 순례자들은 최신식 버스를 타고 겨우 몇 시간 걸리는 길임에도 쉬이 지쳐 잠들게 마련이지만, 부처님께서는 수백 킬로미터의 뜨거운 길을 걸어 가시면서도 결코 진리를 설파할 자비심을 늦추지 않으셨던 것이다. 길에서 만난 어떤 이는 깨달음을 이뤄 부처가 되었다는 석가모니의 말씀에 조롱 섞인 말로 대응하기도 하였고, 강을 건널 수 있도록 해 달라는 석가모니의 말씀에 뱃사공은 공짜로 배를 얻어 탈 생각을 하지 말라고 충고를 하기도 했다. 그 모든 상황을 다 극복하시고 부처님께서는 사르나트에 이르셨던 것이다.

부처님의 길을 따라가느라 깊은 생각에 잠겼던 내 눈에 숲이 나타났다. 여행자가 숲을 만난다는 것이 뭐 특별한 일이랴마는 거의 비슷한 평원을 며칠씩 되풀이해서 보았기에 생소한 느낌마저 들었던 것이다. 안개가 나무사이를 채우고 있는 숲을 즐기길 10여 분쯤 지나자 다시 눈앞에 복잡한 인도의 작은 도시가 나타났다.
차와 사람과 짐승이 뒤섞인 혼돈의 거리에서 우리가 탄 버스도 멈칫거리며 한 무
리가 되고 만다. 시계를 보니 열반당을 떠나온 지 65분이 지나고 있었다.

: 인도 순례길에 이런 숲 사이로 차가 달린 기억이
별로 없다

: 다시 혼돈의 길에 들어섰다 - 어느덧
친숙해졌다

고만고만한 마을 몇 곳을 지나고 다시 평원을 내달은 후 강을 건넜다. 다리 위에서 살펴보니 강가에는 화장(火葬)을 위한 시설물이 보였고, 한 무리의 사람들이 화장을 하고 있는 풍경이 멀리 들어왔다. 죽음을 떠나보내는 모습이 일상처럼 되어 있는 인도라는 생각이 들었다.

: 벌판의 풍경은 평화로운데, 저들도 과연
　평화로울지

: 다리를 지나며 찍은 화장터의 모습

다시 이름을 알 길 없는 작은 마을을 지나는데 가게마다 과일이 진열되어 있다. 과일이 흔한 곳이로구나 하는 생각을 하며 밖을 살피는데 위태로워 보이는 집 한 채가 눈에 들어왔다. 대로 얽어 만든 벽에, 지붕이라고는 억새 종류로 엮어 덮은 이 집 앞에는 꼬마들만 넷이서 놀고 있었다.

: 이 동네는 온통 과일 파는 가게였다

: 위태로워 보이는 집 앞에서 아이들만 넷
　놀고 있었다

잠시 후 차가 도로가에 섰다. 바로 눈앞에 '젤 마할 식당(Jheel Mahal Restaurant)'이라는 간판이 보였다. 시계를 보니 12시 40분쯤 되었다. 우리가 점심 공양할 식당이었다. 진입로가 좁아 차는 도로가에 세워 두고 걸어들어갔다. 하얀색 건물은 그런대로 정갈해 보였다. 식탁보까지 준비한 식당은 여느 시골의 식당과는 좀 달랐다. 역시 핀두의 솜씨로 야채 요리 등이 준비되어 나름대로 멋진 점심을 즐길 수 있었다.

: 우리가 점심을 먹은 젤 마할 식당의
간판

: 도로로부터 얼마간 떨어져 있는
식당의 건물

: 인도의 여느 시골 식당과는 달리
정갈한 편이었다

인도를 여행하다 보면 작은 시골 도시에 나무를 파는 가게들을 흔히 볼 수 있다. 그만큼 취사에 나무가 차지하는 비중이 크다는 뜻일 게다. 사르나트로 향하는 길에서도 예외 없이 나무가게를 만나게 되었는데, 꽤나 큰 나무들을 준비해 두고 있었다. 나무가게를 찍는 카메라를 보고 초등학교 저학년으로 보이는 교복 입은 아이들이 손을 흔들었다. 그 미소가 얼마나 아름답던지 나도 모르게 손을 흔들고 있었다. 그러고 보니 14시가 가까워지고 있었다.

: 인도 여행길에 자주 만나게 되는
  나무 파는 가게

: 어린 학생들의 미소가 얼마나 아름답던지 나도 모르게 손을 흔들고 있었다

가을걷이를 한 벌판을 지나고, 억새가 가득한 논밭 두렁을 몇 컷 찍고, 다시 강을 건너고, 학교를 마치고 나온 학생들을 보게 되었을 때 가이드의 말이 귀를 울렸다.

"몇 분 후면 사르나트에 도착하게 됩니다."

: 가을걷이가 끝난 벌판의 넉넉한 모습

: 논밭의 두렁에는 이처럼 억새가
가을을 즐기고 있었다

: 2부 수업을 한 것인지 16시 가까운 시각
학교 앞에 나온 학생들

46

사르나트에 서다

16시 10분경, 버스가 잠시 멈춰 섰다. 영불탑(迎佛塔 - 차우칸디 스투파
Chaukhandi Stupa) 건너편이었다. 시간관계상 참배는 나올 때 하기로 하고 잠시 모
습만 보기로 하였다.

: 부처님을 다섯 수행자가 맞이한 영불탑(迎佛塔)
- 차우칸디 스투파(Chaukhandi Stupa)

부처님을 맞이한 것을 기념하여 세웠다는 영불탑(迎佛塔)은 상징하는 바가 크다.

극단적인 고행을 포기한 고타마 보살이 강물에 목욕한 후 수자타의 우유죽을 드시는 것을 본 다섯 수행자는 타락했다고 생각하였다. 고타마 보살이 탁발까지 직접 나서자 희망이 없다고 생각하여 곁을 떠났다. 다섯 수행자는 예전부터 수행 자들이 많이 머물던 사르나트의 녹야원으로 옮겨 함께 수행하고 있었다.

부처님께서는 수백 킬로미터의 머나먼 길을 걸어 이윽고 녹야원에 도착하셨다. 이때 다섯 수행자는 멀리 보이는 수행자가 바로 자신들과 6년간 고행했던 고타마 라는 것을 한눈에 알아봤다. 순간 당황했으나 곧 의견을 맞추었다.

「저기 오는 이는 사문 고타마이다. 그는 고행을 포기하여 타락한 까닭에 선정을 상실하고 욕망에 얽매였다. 우리는 그를 공경하여 맞이할 필요도 없고, 그에게 앉을 자리를 권할 필요도 없다. 그러나 다만 그가 원한다면 앉는 것을 방해할 필요는 없다.

그때에 부처님께서는 조용히 다섯 수행자에게 다가가셨다. 부처님의 상호는 원만하고 몸은 황금색으로 빛나고 있었으며, 장엄한 산과 같이 크고 거룩한 덕이 있어 짝할 이가 없었다.

무시하기로 마음먹었던 다섯 수행자는 부처님께서 가까이 오실수록 자신들도 모르게 감화되어 편안히 앉아 있을 수가 없었다. 자신들도 모르게 모두 일어나 앉을 자리를 만들었고, 발우를 받고 물을 길어와 발을 씻어드리며 스승에 대한 예를 갖추어 인사를 드렸다.

"어서 오십시오, 장로 고타마시여. 이 자리 위에 앉으소서. 장로 고타마시여, 몸이 대단히 좋고 청정하오며, 상호가 원만하시고 광명이 구족하여 모든 근(根 - 감

각기관) 이 청정하나이다. 장로 고타마시여, 이제는 미묘한 감로를 만났거나 거룩한 도를 얻으셨나이까?'

"그대들은 나를 고타마라 부르지 말라. 마땅히 여래(如來)라고 해야 한다. 왜냐하면 나는 이미 감로의 도를 발견하였고, 감로의 법을 증득하였기 때문이다. 나는 이제 부처로서 모든 지혜를 완전히 갖추었으며, 번뇌가 없어 마음에 자재를 얻었느니라."」

잠시 생각에 잠긴 사이에 버스는 다시 이동하여 '사르나트 고고학박물관(Archaeological museum Sarnath-Varanasi)' 앞에 섰다. 부처님께서 최초로 설법하신 사르나트에 도착해서 내 눈에 처음 띈 간판이 묘하게도 '옴 사르나트(Om Sarnath) 세탁소' 였다. 하긴 설법을 제대로 듣는 가장 좋은 방법은 부질없는 것에 오염된 마음을 세탁하는 것이리라.

: 초전법륜지에 와서 처음 눈에 띈 간판이
'옴 사르나트 세탁소' 였다

박물관은 녹야원의 바로 앞에 있는데 관람시간의 제한 때문에 먼저 들리기로 했다. 푸른 잔디 안쪽에 황색 돌로 지어진 박물관 건물은 사찰(Sangharama) 형태로 지어졌는데, 5개의 전시관과 2개의 베란다가 마치 좌우로 팔을 벌리듯 펼쳐 있다. 왼쪽 숲 뒤로 녹야원의 '다메크 스투파(Dhamekh Stupa)'의 윗부분이 보였다. 1904년 개관한 박물관은 이 지방에서 출토된 쿠샨왕조 및 굽타왕조 시대의 불교 조각을 중심으로, BC 3세기부터 AD 12세기까지의 유물을 소장하고 있다.

: 검은 철제판에 흰 글씨로 써진
사르나트 고고학박물관 안내판

: 승원 양식으로 지어졌다는 박물관은
좌우로 날개를 펴고 있다

: 박물관의 본관이면서 출입구-노란색의 사암으로 지어져서
편안한 느낌을 준다

박물관 경내로 들어가 해우소(解憂所)에 들리려 오른쪽으로 가는데, 옛 유물들
이 제자리를 잡지 못했는지 회랑에 있었다.

: 박물관 회랑에 있던 조각-여인이 무엇을
공양 올리는 듯

: 박물관 회랑에 있던 조각
- 만(卍)자 문양의 조각

: 박물관 회랑에 있던 조각-눈과 입 모양으로 봐서
신장상처럼 보인다

: 박물관 회랑에 있던 조각
- 큰 조각의 일부로 보임

: 박물관 회랑에 있던 조각 - 좌대가 보이나
정확한 모양을 알기 어렵다

　박물관 안으로 들어가면 녹야원의 아소카석주 상단에 있었던 네 마리 사자상이 중앙에 있다. 사자주두(獅子柱頭)라고 부르는 이 작품은 높이가 223cm의 사암(砂巖)재질로 마우리아 시대인 BC 3세기의 작품이며, 현재 인도의 국가문장으로 사용되고 있으며 인도의 화폐에서도 볼 수 있다. 네 마리 사자 조각 아래에는 24개의 바퀴살로 구성된 법륜(法輪)이 조각되어 있고, 옆으로 코끼리, 소, 말, 사자를 새겼다. 그 아랫부분은 기둥과 만나는 곳으로 땅을 향해 핀 복련(覆蓮)이 조각되어 있다. 관리를 받고 있어서인지 반질거리는 상태가 마치 옥처럼 보였고, 그런 만큼 사자를 비롯한 동물상들도 살아있는 느낌을 주었다.

: 아소카석주 위에 있었던 네 마리 사자상
- 가장 완전한 모양이다

발걸음을 옆으로 옮기면 서 계시는 부처님상인 입불상(立佛像)을 비롯한 불교조각들이 눈에 들어온다. 그 가운데서도 백미는 초전법륜상(初轉法輪像)이었다. 노란색에 약간 핑크빛이 도는 사암(砂巖)으로 조성된 좌불상(坐佛像)은 마투라(Mathurā) 양식을 계승한 4~6세기 굽타시대에 조성된 불상이다. 마투라 양식이란 2세기에 마투라에서 시작된 인도풍의 불상 조성 기법으로 그리스의 영향을 받은 간다라불상과는 다른 느낌을 준다.

이 초전법륜상은 너무나 아름다워서 마치 부처님께서 설법하시는 그 현장에 서 있는 느낌이 들었다. 깊고 고요한 영혼의 세계를 보여주듯 눈은 아래로 향하고 있으며, 손모양은 당신께서 깨달으신 진리를 어떻게든 이해시키려는 듯 역동적인 설법인(說法印)을 하고 있다. 부처님의 몸에서 나

: 마투라 양식을 계승한 초전법륜상은 인도불상의 백미라고 할 수 았다

오는 빛을 뜻하는 광배(光背)의 좌우에는 천상세계도 감동한 듯 비천상(飛天像)이 있고, 좌대에는 최초의 제자 5비구가 정좌한 모습으로 있다. 왼쪽에 여인상이 있는데, 여섯 번째의 제자인 야사비구의 어머니이자 최초의 여성재가신자가 된 이였다. 다시 그 왼쪽으로는 조금 작게 야사비구의 여동생이 있다.

2,500여 년 전의 그 자리에 동참하여 머리 숙이고 있던 내 팔을 누군가가 잡기에 눈을 뜨니 가이드가 시계를 가리켰다. 쫓기듯 다른 조각들을 보고는 밖으로 나오니 대중들이 기다리고 있었다. 마당의 잔디밭에는 관리인들이 무언가를 만드는

지 분주했다. 박물관을 나와 녹야원으로 향하는데, 앞에서 대만스님과 일행으로 보이는 이들이 종종걸음을 치고 있었다.

: 박물관 앞의 잔디밭에는 관리인들이 무언가를 만드느라 분주하다

: 늦은 시각이라 녹야원으로
　향하는 대만스님의
　발걸음도 바쁘다

첫 설법의 자리

나무 사이로 숨는 해를 보며 서둘러 녹야원(鹿野園 - 사슴동산)에 들어섰다. 이곳은 보리수 아래에서 성불(成佛)하신 부처님께서 다섯 수행자를 찾아 250여 킬로미터를 맨발로 걸어오셨던 곳이다. 옛날의 이름은 므리가다바(Mrigadava)이며 현재 이름은 사르나트(Sarnath)이다. 기단만 남은 유적들은 현재 인도에서의 불교의 위상을 말해 주는 듯했다. 하긴 부처님께서 첫 설법을 하실 때 저런 기단마저도 없었을 터이니, 눈에 보이는 것만으로 너무 비관적이 될 것은 없다. 부처님께서 도착하셨을 당시까지만 해도 단 한 사람의 불교신자가 없었으니까.

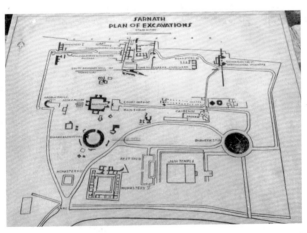

: 왼쪽 둥근 고리가 다르마라지카 스투파, 오른쪽 검은 원이
디메크 스투파가 있는 위치

: 성지참배를 마치고 돌아나오는 순례자들,
우리가 가장 늦은 참배객이었다

　왼쪽에 보이는 유적지에 티베트 가사를 수(垂)한 스님이 합장한 채 맨발로 걷고 있었다. 부처님을 뜻하는 법왕(法王)의 탑이라는 뜻의 다르마라지카 스투파 (Dharmarājika Stupa)가 있는 곳이었다. 기원전 3세기에 아소카왕이 부처님께서 처음 설법하신 곳으로 추정되는 곳에 세웠다는 이 탑은 13.49미터의 작은 탑이었다고 한다. 그러나 수차례 증축되어 30여 미터에 이른 탑은 1794년까지 잘 보존되었다. 하지만 안타깝게도 현재 이 탑은 기단부만 남아 있다. 1794년에 바라나시의 왕 마하라자가 자신의 건축에 필요한 벽돌을 얻기 위해 어이없게도 이탑을 헐어버렸기 때문이다.

: 다르마라지카 스투파에서 탑돌이를 하는
티베트 스님

: 다르마라지카 스투파에 대한 설명

: 다르마라지카 스투파의 전체 모습 - 기단부만 남았다

우리는 곧장 안쪽으로 향해 다메크 스투파(Dhamekh Stupa) 앞에 섰다. 그나마 유일하게 모습을 유지하고 있기에 사르나트의 상징이 된 이 탑은 아소카왕에 의해 최초로 건립된 이래 수 차 증축되었다고 한다. 그래서 하단은 마우리아 건축 양식이고, 상단은 굽타 양식이다. 높이 43m, 기단의 직경이 36m가 된다. 지상에서 11m까지는 커다란 돌로 둥글게 쌓아 올렸고, 그 위는 벽돌로 쌓았다. 표면에 일부 남아 있는 기하학적인 문양과 꽃문양은 전형적인 굽타 양식이다.

: 가장 안쪽에 있는 다메크 스투파의 먼 모습

: 다메크 탑의 기하학적인 문양, 꽃 문양

: 다메크 스투파의 연꽃 문양을 가깝게 잡은 것

: 다메크 스투파의 또 다른 꽃 문양들

앞쪽 잔디밭에는 스리랑카에서 오신 것으로 보이는 스님들 아홉 분이 합장한 채 탑을 향하여 앉아 있었는데, 마치 부처님의 법문을 듣는 듯 미동도 하지 않았다. 탑 가까이에는 대만의 스님들과 불자들이 선 자세로 경문을 외우고 있었다. 우리는 이들에게 방해되지 않도록 뒤쪽으로 돌아갔다. 탑을 향해 예불을 올린 후, 석가모니불 정근을 하며 탑돌이를 하였다.

: 스리랑카에서 오신 것으로
보이는 스님들이 합장한 채
탑을 우러러 보고 있다

: 대만에서 온 스님들과 불자들이 탑 앞에서 암송하고 있다

: 향과 차를 올리고 부처님의 법신에 예경하나이다

탑돌이를 마친 후 잠시 잔디밭에 앉았다. 다섯 수행자들처럼 부처님의 첫 설법을 듣기로 하였다.

: 지심귀명례 - 지극한 마음으로 목숨 바쳐 부처님을 뵈옵니다

「"수행자들이여, 출가수행자가 반드시 버려야 할 두 가지 장애가 있다.

첫째는 마음이 욕망의 경계에 집착하여 쾌락에 빠지는 것으로, 이는 자신의 감정이 내키는 대로 행동해 버리게 되고 또한 어리석은 범부들이 찬탄하는 것으로, 출가자가 해탈에 이르고자하는 목적에는 아무런 도움이 되지 않는 것이다.

둘째는 자신의 육체를 스스로 괴롭히는 것에 열중하여 고행으로 치닫는 것으로, 이는 이제까지의 모든 출가자가 행해 왔던 것이다. 그러나 정작 해탈의 길에는 아무런 이익이 되지 못할뿐더러, 다른 사람들에게도 이익이 되지 않는 일이니 마땅히 버려야 한다.

나는 이 두 가지를 버리고 중도(中道)의 길을 깨달았다. 이 중도야말로 해탈에 이르는 길이니라.

수행자들이여! 중도란 무엇인가? 이는 여덟 가지 성스러운 바른 길을 말함이니, 치우치지 않는 살핌(정견 正見), 치우치지 않는 사유(정사유 正思惟·정분별 正分別), 치우침이 없는 언어(정어 正語), 치우침이 없는 행위(정업 正業), 치우침이 없는 생활(정명 正命 - 바른 직업이라고도 함), 치우침이 없는 노력(정정진 正精進), 치우침이 없는 집중(정념 正念), 치우침이 없는 마음의 통일(정정 正定)이다. 이를 팔정중도(八正中道)라 하나니, 이처럼 수행하면 눈이 열리고 지혜가 드러나며, 마음의 평화에 이르러 열반을 증득하나니라.

수행자들이여! 지극한 마음으로 자세히 들어라. 네 가지 거룩한 진리가 있으니, 무엇이 네 가지인가? 괴로움이 무엇인가 하는 거룩한 가르침(고성제 苦聖諦)과 괴로움의 원인이 무엇인가 하는 거룩한 가르침(고집성제 苦集聖諦)과 괴로움의 소멸에 대한 거룩한 가르침(고멸성제 苦滅聖諦)과 괴로움을 없애는 방법을 체득하는 거룩한 가르침(득도성제 得道聖諦)이 있다.

무엇을 괴로움이라 하는가?

이른바 태어남의 괴로움(생고 生苦), 늙음의 괴로움(노고 老苦), 병드는 괴로움(병고 病苦), 죽음(사 死)·근심(우 憂)·슬픔(비 悲)의 괴로움, 사랑하는 이와 이별하는 괴로움(애별리고 愛別離苦), 원수와 만나는 괴로움(원증회고 怨憎會苦), 구하여 얻지 못하는 괴로움(구부득고 求不得苦), 몸과 감정의 만족을 계속 채워야 하는 괴로움(오음성고 五陰盛苦)이다.

무엇을 괴로움의 원인이라 하는가?

이른바 애착하는 것으로부터 갖가지로 마음이 움직이고, 욕심을 일으키며 갖가지로 헤아리는 것이다.

무엇을 괴로움이 사라진 것이라 하는가?

애착을 멀리 여의고 모두 멸해 없애어 터럭만큼이라도 남김이 없으며, 마음과 마음으로 생각하는 일체가 적정인 것이다.

무엇을 괴로움을 벗어나는 방법이라 하는가?

이른바 정견(正見), 정사유(正思惟), 정어(正語), 정업(正業), 정명(正命), 정정진(正精進), 정념(正念), 정정(正定)이다."」

: 다메크 스투파의 이 문양은 굽타시대의 특징이다

: 사르나트에서 유일하게 남아 있는 모습 때문에 상징처럼 된
다메크 스투파의 위용

: 다메크에서 다르마라지카 스투파를 향해 가고 있는 모습

잠시 설법을 듣는 순간에는 황금의 수레바퀴는 계속 굴러가서 어느덧 주위가
어둑어둑해졌다. 둘러보니 우리만 남았다. 탑에서 오른쪽으로 이동하여 대사원
의 터를 지나 부처님께서 머무셨던 근본여래향실(根本如來香室)의 앞에 섰다. 누

: 석가모니 부처님께서 머무셨던
거처인 근본여래향실

: 아소카 석주의 밑부분을 살피고 있는 대중들을 위해
해는 마지막 빛을 뿌리고 있다

군가가 향을 올린 흔적이 있고, 여기 저기 금박을 붙여 놓은 것도 보였다. 이 여래
향실은 부처님께서 녹야원에서 꽤 머무셨다는 뜻이다. 경전에서는 부처님께서
설법을 하시자 아야교진여가 금방 깨달은 것으로 되어 있지만, 사실은 상당한 기
간이 지나서야 다섯 수행자가 깨달을 수 있었다는 뜻이다.

바로 곁에 아소카 석주의 하단이 남아 있었는데, 사람들의 손길에서 보호하기
위해 지붕을 만들고 보호망을 둘러놓았다. 예전에 높게 서 있었을 때 네 마리 사
자조각상이 당당하게 내려다보고 있었겠지만, 사자상은 현재 고고학박물관에 소
장되어 있다.

: 이미 어둠 속에 잠들고 있는 영불탑을
가슴에 품는다

　관리하는 사람들이 퇴근을 해야 되는지 우리가 빨리 나가기를 바라는 눈빛으로 따라다녔다. 오나가나 시간이 넉넉하지 못한 것이 아쉬웠다. 서둘러 녹야원 유적지를 나서 버스에 올랐고, 잠시 후 영불탑(迎佛塔) 앞에 섰다. 영불탑은 이미 어둠에 묻혔고, 우리는 탑 앞에서 간단한 예를 올리면서 마음속에 부처님을 맞이했다.

: 대중들이 기도하는 바로 앞 영불탑의
출입문에 있는 법륜 모양

48

바라나시의 결혼식

어둠 속 영불탑 참배를 마친 우리는 마음에 부처님을 품고 바라나시로 향했다. 사르나트에서 남쪽으로 6킬로미터를 가면 나타나는 바라나시에 이르기까지 우리는 어둠과 친해야 했다. 사실 그것은 축복이었다. 녹야원에서 온몸으로 젖어들었던 부처님의 향기와 그 첫 사자후(獅子吼 - 부처님의 설법)의 감동을 고스란히 유지할 수 있었기 때문이었다.

18시 33분, 우리는 인도 순례의 마지막 밤을 신세질 게이트웨이 호텔(The Gateway Hotel)에 도착했다. 호텔 직원들이 환영의 뜻으로 걸어주는 특이한 열매로 만든 목걸이를 하나씩 걸고 대중들은 마냥 기뻐했다. 비록 성지순례의 길이긴 하지만, 집을 나서면 힘들고 때로는 외롭기도 한 법이다. 그럴 때 낯선 사람들이 건네는 선물 하나도 큰 위로가 되리라. 체크인을 하는 동안 로비에 있는 그림을 감상하기로 했다. 인도신화를 표현한 반추상화도 있었고, 아소카 석주의 네 마리 사자조각 위에 설법하시는 부처님을 그린 그림도 있었으며, 인도인들이 성스러운 강이라고 일컫는 강가(Gaṅgā - 갠지스의 현지 표현)에서 목욕하는 그림도 있었다. 변형된 만다라로 창을 만든 것을 보면서 독특하면서도 꽤 괜찮은 아이디어라는 생각을 했다.

: 바라나시 게이트웨이 호텔의
로비 - 체크인을 하고 있다

: 호텔 로비의 그림
 - 인도의 신화를
반추상화로 표현했다

: 사르나트가 바라나시에 속하고 있기에
초전설법도를 그렸다

: 인도의 상징인 성스러운 강가에서
목욕하는 그림

: 만다라를 변형해서 창으로 만든
아이디어가 좋았다

    호텔의 방은 깨끗했다. 짐을 풀고 식당에 다시 모인 시각이 19시 30분, 우리는 인도 순례의 마지막 만찬을 하면서 지나온 일정에서 크게 낭패당한 일 없이 바라나시에 이르게 됨을 감사한 마음으로 자축했다.

: 인도성지순례의 마지막 만찬을 준비하는 대중들

만찬을 하는 동안 계속 울리는 악기소리와 멋진 차림새로 오가는 사람들이 궁금증을 자극했다. 결국 만찬을 끝낸 우리는 그 실체를 파악하기 위해 드넓은 호텔의 정원으로 나갔다. 화려한 조명을 따라 한참을 걸어갔더니 결혼식을 하고 있었다. 보팔의 호텔에 늦게 도착하여 끝나가는 결혼식을 보긴 했었다. 그러나 막바지 기념촬영을 할 즈음이었기에 제대로 구경을 못했었다. 바라나시의 호텔에서 치루는 결혼식은 보팔에서의 그것과는 비교가 되질 않았다. 꾸며진 무대도 그랬고, 하객의 숫자와 대접하기 위한 음식도 대단했다.

: 드넓은 호텔 정원에 꾸며진 결혼식장으로 가는 길

: 결혼식장의 입구임을 표시한 문과 레드카펫

: 결혼식장의 전체 모습이 상상을 초월한다

: 신랑 신부와 가족 친구들의 무대

　화려하게 치장한 생각에 잠긴 신부의 모습을 보다가 문득 언젠가 방송을 통해 본 인도의 결혼식 설명이 떠올랐다.

　인도는 기후조건 때문에 11월부터 3개월간이 결혼시즌이다. 결혼식은 그 사람의 신분을 보여주는 하나의 잣대이기도 하기에 짧게는 3일에서 길게는 7일간 하는 결혼식에 평생소득의 20%를 쏟아 붓기도 한다. 인도의 관습상 여자에게는 결혼적령기가 매우 중요하므로 신부 집에서 서두르기 마련인데, 그런 만큼 신부의 지참금이 엄청나다. 신부의 지참금을 '다우리'라고 하는데, 결혼식을 전후하여 세 번에 걸쳐 지불해야 하는 것이다. 만약 이 약속을 어겼을 때는 신부는 평생 구박을 받거나 쫓겨나기도 하며, 심지어 시댁식구들에게 죽임을 당하기도 한다. 이 다우리제도 때문에 임신을 했을 때 딸인 것을 알게 되면 지우기도 하고, 가난한 집에서 딸을 낳으면 바로 생명을 끊기도 한다.

: 생각에 잠긴 신부의 모습을 보다가 인도의
 결혼식에 대한 방송을 떠올렸다

　한쪽에서는 연주에 맞춰 신나게 춤판을 벌였고, 각 테이블에서는 음식을 먹으며 웃고 떠드느라 와자지껄했다. 어른들 사이로 아이들은 뛰어다니느라 신이 났고, 촬영을 맡은 사람

: 신나는 악기 연주에 맞춰 자기 멋대로
 춤을 추는 사람들

: 테이블마다 친한 사람들끼리 모여
 먹고 마시며 시끌벅적

: 촬영을 책임진 사람들은 장면마다 놓치지
 않으려 바쁘다

들은 비디오와 사진기로 분주히 찍고 있었다.

나는 자료사진을 몇 장 찍고 대중들 몰래 슬그머니 방으로 돌아왔다. 차를 마시며 지나온 여정을 돌이켜 보는 사이에 시계가 자정을 향하고 있었다. 내일은 새벽 일찍 강가(Gaṅgā)에 가야 했기에 일찍 쉬기로 했다.

: 슬그머니 혼자 빠져 나오다 딱 마주친
외따로 있는 나무

: 마지막 밤을 편안하게 쉴 수 있도록 해 준
게이트웨이 호텔의 방

49

성스러운 강가(Gaṅgā)

인도성지순례의 마지막 날이라서 그랬는지 02시에 눈이 떠졌다. 간밤의 축제와는 달리 어둠이 외로운 등불을 품고 있는 정원을 잠시 보다가 향을 피우고는 가부좌를 틀었다.

04시쯤에 반신욕을 시작하여 삭발까지 마치고 시계를 보니 05시 20분이었다. 일출을 보기 위해 갠지스(강가)에 가기로 한 시각이 되었다. 05시 30분 우리는 인도인들이 성스러운 강이라고 일컫는 강가(Gaṅgā)로 향했다. 05시 55분 버스에서 내려 강으로 향하는 길은 한적했다. 셔터가 내려진 가게 앞에는 어미와 송아지 두 마리가 서로 몸을 의지한 채 가로등 불빛을 받으며 깊은 명상에 들어 있었다.

강변에 이르자 계단으로 내려가는 길목에 걸인들이 깡통을 앞에 두고 낡은 카펫 위에 모포를 뒤집어 쓴 채로 웅크리고 있었다. 계단을 내려가자 소년과 소녀가 강물에 띄우는 촛불을 들고 다가왔다. 인도에 와서 내가 본 가장 예쁜 아이들이었다.

: 우리가 좀 서두른 탓인지 강으로
  향하는 길은 적막했다

: 어미소가 새끼들과 더불어
  깊은 명상에 빠져 있다

: 강변 계단으로 향하는 길목에 걸인들이
  깡통을 앞에 두고 웅크리고 있다

: 강물에 띄우는 촛불을 들고 소년과 소녀가
  흥정을 하고 있다

: 우이사와 핀두가 촛불에 불을 밝혀 하나씩 돌리고 있다

06시 우리를 태운 배가 강 가운데로 미끄러지듯 나갔다. 여행사에서 준비한 촛불에 불을 붙여 강에 띄우고는 각자의 소망을 간절한 마음으로 기도했다. 강변 쪽을 보니 휘황한 불빛 속에 아직은 고요함을 유지하고 있는 듯했다. 하지만 곧 여기 저기 배들의 움직임이 보였고, 강변에도 사람들이 모여들기 시작했다.

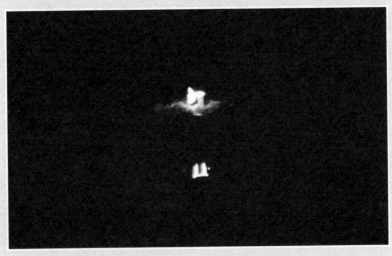

: 순례자의 염원을 담은 촛불이 강물에 흔들리며 떠내려 가고 있다

: 어둠 속에 가로등 불빛을 받은 신전과 가트와 배들의 풍경

　인도인들 특히 힌두교도들에게는 어머니와 같고 신과도 같은 성스러운 강인 강가(Gaṅgā)는 중부 히말라야산맥에서 발원하여 남쪽으로 흘러 델리 북쪽에 있는 하르드와르 부근에서 힌두스탄평야로 흘러들어간다. 여기에서 본류는 남동으로 흘러 칸푸르·알라하바드·바라나시(베나레스)를 지나는데, 알라하바드에서는

: 어디에서 나타났는지 순식간에 강변을 채운 배들

: 힌두교도로 보이는 사람들이 어디엔가를 향해서 기도를 올리기 시작했다

: 강변의 계단인 가트(Ghat)에는 성수로 죄를 소멸하려는 이들이
목욕을 준비하고 있다

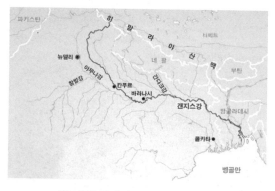

야무나강(江)과 만나고, 파트나
에서 고그라강(江)과 간다크강
(江) 등의 큰 지류와 합류한다.
강은 다시 바갈푸르를 지나 남
쪽으로 꺾여 벵골평야를 관류
하고, 동쪽에서 흘러드는 브라
마푸트라강(江)과 합류하면서
여러 갈래의 분류로 나뉘어 벵
골만으로 흘러든다.

: 인도인들 특히 힌두교도들에게는 성스러운 강인
갠지스의 흐름

힌두교도들은 이 강물에 목욕하면 모든 죄를 소멸할 수 있으며, 죽은 뒤에 이 강
물에 뼛가루를 흘려보내면 극락에 갈 수 있다고 믿고 있다. 특히 바라나시는 연간
100만 이상의 순례자가 찾아드는 힌두교도들의 성지이다.

: 염원을 담은 촛불을 강물에 띄우고 열심히 기도를 올리는 사람들

잠깐 사이에 꽤 멀리까지 식별할 수 있을 만큼 밝아졌는데, 여기저기 촛불을 강
물에 띄우는 모습이 보였다. 기도를 올릴 때 필요한 물품을 실은 배는 이곳저곳을
부지런히 헤집고 다니며 순례자의 시선을 붙잡으려 애쓰고 있었으며, 관광객들
은 처음 접하는 기이한 장면들을 찍느라 부지런히 카메라를 눌렀다.

: 가트의 바로 위쪽에는 세탁업을 하는 이들이
빨래를 하고 있었다

　강변을 살피니 흙 언덕이 있는 곳에는 세탁을 전문으로 하는 이들이 빨래를 하
느라 여념이 없었고, 그 아래쪽 인도인들이 가트(Ghat)라고 부르는 강변 돌계단
에는 이미 강물로 모든 것을 정화하려는 듯 하반신만 가린 남자들이 물로 들어서
고 있었다.

: 힌두교도들이 이윽고 죄를 씻기 위해
성스러운 물 속으로 들어섰다

: 우리 일행은 일출을 기다리기 위해 강 가운데 있는 모래 벌판으로 들어섰다

우리는 사람들과 떨어져 강 가운데 있는 모래벌판으로 향했다. 그곳에서 일출을 맞이할 요량이었던 것이다. 모래벌판은 사막처럼 끝없이 펼쳐져 있었다. 모래벌판에 내렸을 때 상인이 탄 배도 뒤따라왔음을 비로소 알았다. 바로 모래를 담는

: 모래벌판의 구덩이 안에 새끼를 데리고 있는 개가 있었다

작은 금속 용기를 팔기 위함이었다. 언제 다시 올지를 모르는 우리 대중들은 그의 현란한 말솜씨에 후한 점수를 주었는지 모두 용기 하나씩을 샀다. 모래벌판으로 들어가던 내 눈에 묘한 장면이 포착되었다. 모래구덩이에 어미개가 새끼들을 데리고 잠을 자다가 이방인의 발걸음에 잠을 깨어 보고 있었던 것이다. 다행이 내 모습에 위기를 느끼진 않았는지 묵묵히 강아지들만 나를 물끄러미 건너다보았다. 대중들에게 소개해 주려고 돌아보니 구덩이를 파고는 그 속의 모래를 용기에 담고 있었다.

: 집으로 가져 가기 위해 모래 구덩이를 파고는
그 안의 모래를 용기에 담고 있다

50

불가사의한 곳 강가(Gaṅgā)

경전만 펼치면 나오는 항하사(恒河沙)를 담느라 웅성거리는 대중을 뒤로 하고 나는 무한한 그 모래더미 위를 거닐고 있었다. 06시 53분 이윽고 어딘가 숨었다가 나타난 마니보주(摩尼寶珠 - 여의주라고도 함)처럼 붉은 해가 안개를 헤치고 나타났다. 나는 문득 대일여래(大日如來)라는 부처님의 명호를 떠올렸다. 세상의 어둠을 물리치며 당당한 모습을 보이신 부처님께서는 마치 저 태양처럼 보였으리라. 그때 갈매기 한 마리가 붉은 보석을 향해 돌진해 들어갔다. 그것을 보노라니 젊은 시절 깨달음을 향해 돌진하던 내 모습이 문득 떠올라 입가에 웃음꽃이 피어났다.

: 안개 속에 문득 나타난 붉은 해는
마치 마니보주와도 같았다

: 붉은 마니보주로 돌진하는 갈매기를 보면서
문득 젊은 날의 내 모습이 떠올랐다

세상 모든 생명이 저 태양을 머금어 행복해지길 기도드린 후 배로 되돌아오다가 몸을 돌이키니 하늘에도 물에도 붉은 해가 있었다. 하긴 세상 어디엔들 저 태양이 없겠으며, 세상 어디엔들 법신의 부처님이 계시지 않으랴. 모래벌판으로 건너갈 때엔 어둠만 가득했으나 다시 배에 오를 때엔 퍼지기 시작하는 햇빛을 가득 실었다.

: 모래벌판을 떠나며 돌아본 곳에는 하늘에도 물에도 붉은 보석이었다

: 아마도 미처 다 태우지 못한 시신인듯 둥그런 모습 위에
갈매기들이 식사 중이다

배를 저어 나아가자 강물위에 두어 무리의 새떼들이 모여 있었다. 사람인지 짐승인지는 모르겠으나 한때 영혼의 의지처였던 육신임에 분명한다. 왜 사람들은 살아 있을 때엔 그토록 애착하던 육신을 숨이 끊어지자 시체라고 부르면서 싫어하며 피하기만 하는 것일까? 어쨌거나 그 시체라는 것이 새들에게 새로운 삶을 제공하고 있으니, 참으로 훌륭한 공덕이 되지 않겠는가.

: 이것은 아마도 동물의 시체처럼 보였다. 어디서부터 온 것일까?

: 갈매기들과 사람들이 벌이는 한편의
유희를 보는 것 같았다

강의 중심으로 나아가자 배를 에워싸고 갈매기들이 축제를 벌이고 있었다. 누군가가 복을 짓고자 모이를 나눠주고 있었던 것이다. 생명은 이처럼 베풂을 받고 베풂을 주며 이어지는 것이다. 그래서 육바라밀의 첫째가 보시바라밀이다. 물질이든 가르침이든 위안이든 그 어떤 것이라도 베풂에는 사람이나 생명이 감동하기 마련이다.

: 베푸는 이에게는 이처럼 뭇 생명이 모여들 것이다

: 힌두교의 신전과 죽음을 예약한 사람들의 기다림의 집과
여타의 모습이 녹아 있다

　강변의 계단인 가트(Ghat)쪽으로 다가가자 힌두교신전과 죽음을 기다리는 이
들의 거처인 '기다림의 집'과 성스러운 강물과 새들과 삶과 죽음이 어우러진 거
대한 오케스트라의 연주가 들려왔다. 저 기다림의 집에 얼굴을 감추고 매일 화장
터를 엿보는 이들의 마음은 과연 어떠할까? 오직 신에게 업장의 소멸을 기원하고
천상에 오르기를 염원하겠지….

: 창의 어느 곳에선가 죽음의 신과 대화를 나누는 사람이
화장터의 모습을 지켜 보리라

: 화장이 끝나가는 곳에서 사람들과 흰 소와 새들까지도
신전을 향하고 있었다

배가 가트의 위쪽으로 다가가자 이번에는 화장하는 장면이 들어왔다. 인도에서
는 화장하는 장면을 촬영할 수 없다. 그래서 네팔에서 화장하는 장면을 찍어 마치
인도의 화장하는 광경처럼 방송하기도 한다. 나는 제법 멀리 떨어져 있는 점을 이
용하여 '줌(zoom)' 으로 당겨 끝나가는 화장의 장면을 담을 수 있었다.

: 한 사람의 일생이 마무리되는 공간에 서 있는
사람들의 모습은 답답하기만 하다

: 어려운 사람들을 위해 식사를 제공하는 곳에 사람들이 장사진을 치고 있다

: 강가(갠지스)의 모든 것이 신의 영역이라는 듯
신의 모습을 도처에 그려 두었다

다시 고개를 들어보니 한 건물에 사람들이 장사진을 이루고 있었다. 간단한 식사를 무료로 제공하는 곳이란다. 빈곤한 사람들을 위해 부자들이 베푸는 것이라는데, 아주 검소하게 배낭여행을 하는 이들은 그곳에서 식사를 해결하기도 한다고 했다. 생존을 위한 이 건물의 옆에는 죽음을 위한 건물이 있고, 그 아래에는 성스러운 강가(갠지스)가 있다. 한쪽에서는 시체가 떠돌고, 한편에서는 화장한 재를 흘려보내며, 또 다른 곳에서는 빨래를 하고, 다시 한쪽에서는 사람들이 그 물을 성수(聖水)라고 마신다. 인도인이 아닌

: 가트와 기다림의 집과 힌두교 수행자인 사두와 안개가 참 잘 어울렸다

여행객들에게 가장 불가사의하게 여겨지는 인도의 모습이리라. 그러나 인도인들은 그 모든 것이 신(神)의 영역이라는 듯이 신의 모습을 곳곳에 그려 두었다.

배에서 내려 가트에 이르자 힌두교의 수행자인 사두(sadhu)들이 자기들끼리 얘기를 하다가 나를 향해 다가왔다. 이미 여러 곳에서 만난 일이 있는 짙은 화장과 요란한 복장의 사두들이기에 은근히 반갑기도 했는데, 그들이 손을 내밀며 한 말 한마디가 강물보다 더 차갑게 했다. "텐 달라(십 달라)!"

: 힌두교 수행자인 사두들이 요란한 복장과
짙은 화장을 한 모습으로 얘기를 나누고 있다

: 이 사두들에게 내가 다가가자
불쑥 손을 내밀며 외쳤다 "텐 달라!"

어둠을 뚫고 왔던 강가(갠지스)는 생각보다 훨씬 어두운 측면을 안고 있기도 했고, 생각보다 훨씬 더 밝은 모습을 보여주기도 했다. 비록 힌두교도들처럼 잿빛의 강물에 목욕을 하지도 않았고, 그 강물을 성수(聖水)라고 마시지는 않았지만 그러나 TV에서 영상으로만 보던 것과는 다른 감동이 있었다. 아마도 앞으로 강가(갠지스)를 떠올린다면 참 편안해질 것 같다는 느낌이 들었다.

떠나기 전 마지막으로 돌아본 강가는 안개 속에서도 빛나는 태양과 빈 배와 잿빛 강물과 먹이를 취하느라 바쁜 갈매기와 그리고 속죄하는 사람들로 멋진 그림이 되고 있었다. 나는 속으로 작별 인사를 했다. "안녕, 강가(갠지스)!"

: 떠나며 되돌아 본 강가(갠지스)의 모습은
태양과 안개와 빈 배와 잿빛 물의 그림이었다

51

내 마음의 서방정토에서

08시경 강가(갠지스)를 떠나 버스가 있는 곳으로 가는 길목은 이미 혼잡했다. 남자들은 강가에 들어갈 만반의 준비를 하였다는 듯 아랫도리만 가린 채 당당히 걸어왔다. 버스에서 내렸던 곳에 이르렀지만 버스는 보이지 않았다. 인적이 드문 새벽에는 들어올 수 있었지만 계속 있을 수는 없어서 좀 떨어진 곳에 주차해 있다고 했다. 우리는 자전거 뒤에 인력거 비슷한 것을 매단 '사이클 릭샤(Cycle-rickshaw)'를 탔다. 대중들은 새로운 체험에 마냥 즐거워했다. 이미 혼잡해져버린 도로는 버스가 도저히 다닐 수 없는 상황이라는 것을 알 수 있었다. 차와 수레와 사람과 릭샤가 뒤섞인 길을 헤쳐 나오다가 수레를 끄는 흰 소를 스치게

되었다. 꽤 나이를 먹은 백우(白牛)는 말라서 뼈와 가죽을 확연히 볼 수 있었다. 인도에서는 소를 귀하게 대접하며 특히 백우(白牛)는 더욱 그렇다고 알고 있었는데, 이번 인도여행에서 그것이 꼭 맞는 것이 아님을 알게 되었다.

: 강물에 들어갈 완벽한 준비를 한 채로 당당히 활보하는 사람들

: 릭샤 뒤로 짐수레를 끄는 흰 소가 힘들어 보였다

08시 30분, 호텔식당에서 인도에서의 마지막 아침공양을 했다. 강가(Gaṅgā)를 다녀온 뒤라서 대중들의 표정은 사뭇 달라져 있는 듯했고, 아침공양으로 먹은 죽 한 그릇에서 삶과 죽음의 경계를 보는 듯했다. 간밤의 요란했던 결혼식장의 현장 이 궁금해서 다시 산책 겸 정원을 한 바퀴 돌았다.

: 지난 밤에 결혼식을 하던 정원에 나가서 돌아본 호텔

10시 30분, 양치를 하고 짐을 꾸려둔 후 마지막 쇼핑에 나섰다. 아그라에서 캐시미어(cashmere)전문점을 갔었지만, 미처 사지 못한 이들이 있어서 다시 한 번 실크와 캐시미어를 파는 가게에 가기로 한 것이다. 한참을 달리던 버스가 뒷골목으로 들어가 멈췄다. 아마도 관광객이나 아니면 부자들을 위한 가게인 듯 버스가 여러 대 주차할 수 있는 넓은 공터를 갖추고 있었다. 가게 안은 상당히 넓어서 수십 명이 동시에 들어설 수 있었다. 잠시 살펴보다가 주변을 살필 요량으로 카메라를 들고 나섰다. 가게 바로 앞에는 언제 왔는지 한 남자가 코브라와 원숭이를 데리고 재주를 피우고 있었다. 코브라는 피리소리에 맞춰 오르락내리락 하고 있었고, 원숭이는 전쟁놀이 훈련을 받았는지 권총을 들고 재롱을 부렸다. 하지만 내게는 코브라와 원숭이가 부리는 재롱이 재미있는 것이 아니라 그저 측은하기만 했다. 저들인들 어디 그것이 하고 싶어서 하는 일이겠는가.

: 바라나시 실크전문점이라는 간판이
오른쪽에 보인다

: 코브라로 재주를 부리는 장면　　　　　　　: 원숭이가 권총놀이를 하고 있다

　12시 10분에 점심공양을 하고 바로 체크아웃을 했다. 13시 30분 호텔을 출발하여 공항으로 향했다. 혼잡한 도로의 버스 안에서 다시 바라나시를 생각해 보았다.

　바라나시에서의 시간은 강가(갠지스)처럼 아주 천천히 흐른다. 모든 길은 강가(갠지스)로 통하고 있어서 여행객을 어느 사이엔가 강가(갠지스)로 데려간다. 여행객은 죽음과 그 죽음의 흔적인 재를 뿌린 강물에 목욕하며 죄를 씻고 해탈하려는 힌두교도들을 보면서 어쩔 수 없이 윤회를 생각하게 된다. 이 도시에는 연간 100만 명 이상의 순례자가 방문하는데 그들 중에는 이곳에서 죽는 것을 목적으로 하는 사람도 있다. 그리고 그들을 위한 기다림의 집이 강가(갠지스)에 맞닿아 있다.

　바자르(bazar - 시장)의 좁은 골목에 늘어선 작은 가게, 전 세계에서 몰려든 순례자들, 너무나 당당한 거지, 갖가지 치장을 한 힌두 수행자, 어디서건 접할 수 있는 마약, 해맑은 눈동자의 아이들, 어슬렁거리는 소, 지붕을 넘나드는 원숭이들, 타오르는 시체, 음식과 배설물의 냄새, 삶과 죽음을 수용하며 말없이 흐르는 강가. 이것이 바로 바라나시의 모습들이다.

: 게이트웨이 호텔 로비의 상품진열장

: 게이트웨이 호텔 식당의 아가씨가
미소로 카메라에 응했다

: 식당에 걸려 있었던 갠지스 목욕풍경의 유화

: 정문 쪽에서 바라본 게이트웨이 호텔의 모습

: 공항으로 향하는 도로의 혼잡한 모습 - 다시 그리운 장면이다

14시 30분에 공항에 도착하여 16시 10분에 비행기에 올랐다. 날아오르는 비행기의 창밖으로 희뿌연 바라나시 외곽을 보며, 나는 내 마음의 서방정토에 작별인사를 했다.

"나는 이제 동방만월세계로 간다. 내가 있을 곳이 따로 정해진 것은 아니로되, 당분간은 동방에 있으리라. 내가 오랫동안 염원했던 일을 당분간은 계속해야 한다. 안녕, 천축(天竺)세계!"

: 바라나시 국제공항 출국장 입구

: 바라나시 국제공항의 출국 대기실
- 덥지만 썰렁했다

30여분의 시간이 흐르자 하늘이 붉게 물들기 시작했다. 그 붉은 해를 보다가 나는 옛날의 내 모습을 그려보았다.

나는 출가 직후 의학에 관심을 갖게 되었다. 선방에 있을 때 심하게 아파서 혼자 간병실에서 삼일을 누워 있었는데, 간병을 맡은 스님이 방선(放禪 - 좌선을 잠시 쉬는 시간) 짬짬이 흰죽을 가져다주었다. 물론 함께 정진하던 스님들도 들여다 봐 주었다. 하지만 다들 깨달음을 목표로 하는 수행자의 입장이었기에 자기 정진에 바빴다. 나는 점차 혼자 천장을 보는 시간이 길어졌다. 그때 떠오른 것이 약사여래였다. 끙끙대며 약사여래를 염송하던 나는 아픈 스님들을 치료할 수 있는 의학공부를 해야 되겠다고 결심했다. 이후로 많은 인연들의 도움을 받으며 한방과 간호학과 약학을 독학했다. 내 몸에 스스로 침을 꽂기를 수만 번이나 하였고(내 손이 닿지 않는 등은 다른 이들로 하여금 실험하게 하였다), 뜸으로 내 병증을 고치기도 하였으며, 내 팔의 혈관에 주사바늘을 수십 번도 더 꽂았었다. 감기가 걸렸을 땐 도매상에서 구입한 약들로(아주 오래 전에는 약 이름을 알면 종로의 도매상에서 여러 가지를 구입할 수 있었다. 물론 지금은 불가능하다.) 조제하여 복용하며 임상실험도 무수히 하였다. 그런 결과로 승가대학에 있을 때는 스님들을 간병하기도 했고, 사찰 소임을 볼 때에도 침을 놓거나 했었다. 그러다 어느 순간 내가 살필 것이 마음의 병이라는 것을 깨달았다. 그때 바로 모든 치료행위를 그만둬 버렸다. 그 대신 부처님의 방법으로 사람들의 마음을 치유하기로 했다. 물론 그것도 인연이 있는 사람이라야 가능한 일이라는 것을 알았다.

생각에 잠긴 사이에 멀리 방콕의 공항이 나타났다. 방콕의 새 공항청사는 비교적 쾌적했다. 여기저기 피어있는 꽃들이 피로해진 눈을 시원하게 해 주었다. 밤이라서 천정의 유리는 마치 거울처럼 바로 아래의 모든 것을 비춰 보여주었다. 잠시 쉬는 시간을 갖은 뒤, 이윽고 한국행 비행기에 몸을 싣고 동방만월세계로 향했다.

: 비행기에서 만난 일몰 - 약사여래를 생각했다

: 비행기에서 내려다 본 방콕의 밤풍경

: 방콕의 새 공항에 무사히 착륙

: 방콕의 공항에서 반겨준 꽃

: 밖이 어두운 관계로 천정의 유리에
아래의 모습이 비췄다

: 이제 방콕의 공항을 떠나 동방만월세계로 간다

송강 스님의
인도 성지 순례

초판 발행	2013년 5월 17일

지은이	시우 송강
발행인	이상미
발행처	도서출판 도반
편집팀	고은미, 김광호
대표전화	02-885-1285
이메일	doban@godstoy.com
주소	서울특별시 관악구 낙성대동 1625-16 2층
ISBN	978-89-97270-05-7

인터넷에서 개화사를 검색하시면 송강 스님을 만나보실 수 있습니다.

http://cafe.daum.net/opentem